COMO CONSTRUIR SEU FUTURO

o segredo da semente

Editora Appris Ltda.
1.ª Edição - Copyright© 2023 do autor
Direitos de Edição Reservados à Editora Appris Ltda.

Nenhuma parte desta obra poderá ser utilizada indevidamente, sem estar de acordo com a Lei nº 9.610/98. Se incorreções forem encontradas, serão de exclusiva responsabilidade de seus organizadores. Foi realizado o Depósito Legal na Fundação Biblioteca Nacional, de acordo com as Leis nºs 10.994, de 14/12/2004, e 12.192, de 14/01/2010.

Catalogação na Fonte
Elaborado por: Josefina A. S. Guedes
Bibliotecária CRB 9/870

G283c
2023
	Gavin, Jairo
	    Como construir seu futuro : o segredo da semente / Jairo Gavin.
	1. ed. – Curitiba : Appris, 2023.
	    119 p. ; 21 cm.
	
	    ISBN 978-65-250-4828-4
	
	    1. Sucesso. 2. Sementes. 3. Futuro na cultura popular. 4. Previsão.
	I. Título.
	
	    CDD – 158.1

Appris editora

Editora e Livraria Appris Ltda.
Av. Manoel Ribas, 2265 – Mercês
Curitiba/PR – CEP: 80810-002
Tel. (41) 3156 - 4731
www.editoraappris.com.br

Printed in Brazil
Impresso no Brasil

Jairo Gavin

COMO CONSTRUIR SEU FUTURO
o segredo da semente

FICHA TÉCNICA

EDITORIAL	Augusto Vidal de Andrade Coelho
	Sara C. de Andrade Coelho
COMITÊ EDITORIAL	Marli Caetano
	Andréa Barbosa Gouveia (UFPR)
	Jacques de Lima Ferreira (UP)
	Marilda Aparecida Behrens (PUCPR)
	Ana El Achkar (UNIVERSO/RJ)
	Conrado Moreira Mendes (PUC-MG)
	Eliete Correia dos Santos (UEPB)
	Fabiano Santos (UERJ/IESP)
	Francinete Fernandes de Sousa (UEPB)
	Francisco Carlos Duarte (PUCPR)
	Francisco de Assis (Fiam-Faam, SP, Brasil)
	Juliana Reichert Assunção Tonelli (UEL)
	Maria Aparecida Barbosa (USP)
	Maria Helena Zamora (PUC-Rio)
	Maria Margarida de Andrade (Umack)
	Roque Ismael da Costa Güllich (UFFS)
	Toni Reis (UFPR)
	Valdomiro de Oliveira (UFPR)
	Valério Brusamolin (IFPR)
SUPERVISOR DA PRODUÇÃO	Renata Cristina Lopes Miccelli
PRODUÇÃO EDITORIAL	Jibril Keddeh
REVISÃO	Mateus Soares de Almeida
	Stephanie Ferreira Lima
DIAGRAMAÇÃO	Renata Cristina Lopes Miccelli
CAPA	Jairo Gavin
	Pedro Daniel Sbardella Raimondi
REVISÃO DE PROVA	Isabela Bastos

DEDICATÓRIA

Em primeiro lugar, preciso agradecer a Deus, pelo seu cuidado para comigo. Eu não tenho dúvida de que Deus me plantou como uma semente nesta terra, me regou, me cuidou e até mesmo me podou algumas vezes para que eu pudesse dar frutos. Tudo que está contido aqui dentro não é mérito meu, mas atribuo à graça Dele sobre minha vida!

Dedico este livro, primeiramente, à minha família, a qual amo incondicionalmente. Vocês são a base da minha vida!

Segundo, dedico também a cada pessoa que colabora comigo diariamente em diferentes funções, fazendo com que o fardo seja mais leve para mim!

Terceiro, dedico à minha equipe de líderes e discípulos da Eira Church, o mais lindo Ministério que tenho a graça de pastorear diariamente. Vocês são a prova de que uma pequena semente tem produzido uma floresta.

Para finalizar e não menos importante, dedico este livro a todos aqueles que plantaram as sementes antes de mim, o mundo hoje agradece ao labor de vocês!

Semente tem o poder de mudar o futuro!

Que Deus abençoe vocês!

PREFÁCIO

Uma das perguntas mais difíceis da vida é: como será o meu futuro?

Quem sabe, você já se fez esse questionamento e até imagina alguns cenários para os próximos anos. Mas, na maioria das vezes, são meras ilusões, são simplesmente sonhos que você sabe que nunca se tornarão realidade. Isso não é um balde de água fria para que você desista. É apenas a verdade: muitos não sabem o caminho para construir o seu futuro.

A maioria das pessoas não entende que o futuro começa hoje, agora, mais precisamente já. Suas decisões diárias vão influenciar significativamente o rumo da sua vida, as pequenas ações que você toma ou deixa de tomar pavimentam a trilha por onde seus pés pisam.

Todos nós temos momentos em que nos deparamos com dificuldades, momentos em que nos questionamos se estamos no caminho certo ou não.

Se você já se perguntou sobre isso, não fique desanimado. Muito pelo contrário, sinta-se feliz, pois você já deu um passo para entender qual é o seu desígnio.

Neste livro, você encontrará as chaves para viver a melhor jornada de sua vida. Você descobrirá que tem sementes e que essas sementes, plantadas hoje com diligência, esforço e dedicação, serão responsáveis por sua colheita futura, pois o que você quer colher no amanhã deveria ter sido plantado ontem.

Neste livro, você descobrirá o mistério da semente, que é algo impactante, e você compreenderá que existem pessoas que têm sementes petrificadas, sementes que nunca foram plantadas, sementes que estão aguardando o semeador — "você" — ativá-las para produzirem uma colheita inimaginável. Digo isso não como uma fantasia ou uma motivação barata: entenda, você controla a semente, mas nunca o tamanho da colheita, por isso uma semente pode produzir por mil.

A semente não representa uma árvore só, ela tem o poder de gerar uma floresta. Muitas vezes na nossa vida, andamos por vista, ou seja, enxergamos somente aquilo que é físico, não vemos com os olhos do coração (espiritual). É assim quando dizemos que uma semente é apenas uma árvore.

Ao ler cada página deste livro, a sua percepção mudará, você andará por uma visão, ou seja, você entenderá que a semente tem o potencial de gerar uma floresta, porque de uma árvore só surgirão muitos frutos e de muitos frutos muitas sementes: esse é o processo que gera a multiplicação.

Jairo Gavin nos mostra COMO CONSTRUIR SEU FUTURO. No segredo da semente, você mergulhará num oceano de revelação e propósito.

Este livro é uma bússola que dará um norte para todos aqueles que querem construir o seu futuro de forma significativa e brilhante.

Guilherme Gavin

É filho do autor, pastor, teólogo, administrador e empresário, também é marido e pai de três lindos filhos.

SUMÁRIO

- INTRODUÇÃO 11
- DESCOBRINDO SEU VALOR 13
- O MUNDO ESTÁ DIVIDIDO EM DOIS TIPOS DE PESSOAS 15
- AS CHAVES DA GRANDEZA – AS SEMENTES 18
- O PRINCÍPIO DA SEMENTE 19
- O MISTÉRIO NA SEMENTE 22
- O QUE ACONTECE SE A SEMENTE NÃO DESPERTAR 23
- A GERMINAÇÃO 25
- O PROCESSO 28
- O POTENCIAL DO MENOR 31
- AS SEMENTES DA GRANDEZA 33
- HOMENS COMO ÁRVORES 34
- ÁRVORES SEM RAIZ 36
- PRIMEIRO A SEMENTE, DEPOIS A ÁRVORE 37
- FIEL NO POUCO 38
- REFLEXÃO 40
- FIRMADO PELAS RAÍZES 41
- PLANTADOS PARA GERAR 43
- REFLEXÃO 48
- SEMEADURA E COLHEITA 49
- BOAS SEMENTES, GRANDE COLHEITA 51
- GERMINANDO SECRETAMENTE 53
- O NECESSÁRIO 55
- ENCONTRANDO ABRIGO E SOMBRA 56
- TODOS TÊM SEMENTES 57
- ENTENDENDO O DESÍGNIO 58
- A SEMENTE SÓ PRODUZ SE SAIR DA TUA MÃO! 59
- LIMPOS PARA DAR FRUTOS 61
- FOLHAS OU FRUTOS 63

O SEGREDO DAS RAÍZES 65
ÁRVORE FRUTÍFERA 66
A MALDIÇÃO DAS APARÊNCIAS 70
ESTAÇÕES DA VIDA: O PROCESSO 72
O INVERNO 75
A PRIMAVERA 77
O VERÃO 78
O OUTONO 79
A ÁRVORE E SUAS ESTAÇÕES 80
REFLEXÃO 82
A SEMENTE E O REINO 83
ANALOGIA DO REINO 84
O QUE É O REINO DE DEUS? 85
A CULTURA DO REINO 86
O PEQUENO COMEÇO 88
COISAS PEQUENAS E INSIGNIFICANTES
E O PODER DE DEUS 90
JÓ, O HOMEM QUE SUPORTOU
AS MAIS SEVERA AFLIÇÕES 92
AS CHAVES DO REINO 93
O REINO DADO 95
O REINO ANUNCIADO 99
OS SÁBIOS DO ORIENTE EM SUA BUSCA PERGUNTARAM ... 100
O REINO NO MEIO DE VÓS 101
O REINO DENTRO DE VÓS 102
O REINO DEVOLVIDO 103
COMO VOCÊ SE VÊ 105
A GRANDE ESPERANÇA 107
SEMENTES PETRIFICADAS 109

INTRODUÇÃO

Se você não construir os seus sonhos, alguém vai te contratar para construir os dele.

(autor desconhecido)

Eu aprendi muito jovem que jamais poderia terceirizar a construção da minha vida, entendi que meu futuro era minha responsabilidade e que, com ajuda de Deus, poderia, sim, realizar coisas que eram improváveis.

Eu tenho alguns conselhos para lhe dar antes de você embarcar na leitura deste livro que possivelmente mudará sua vida para sempre.

Jamais terceirize seu tempo: temos apenas uma vida nesta terra, e apenas 12 meses, 52 semanas por ano, 24 horas num dia e 60 segundos por minuto. O tempo que passou não podemos recuperar, basta apenas aproveitar o tempo que estamos vivendo hoje.

Jamais terceirize o conhecimento: todo problema que estamos enfrentando está ligado à falta de conhecimento. Quanto mais conhecemos, quanto mais estudamos, quanto mais você se dedicar a obter informações, mais fácil será seu futuro.

Jamais terceirize seu coração: aprender a conviver com todos os sentimentos é saudável. Haverá momentos de chuva, sol, frio, calor, ventos e até momentos em que o céu fica nublado, porém compreenda os ciclos e as estações que você está vivendo e não permita que nenhum sentimento danoso faça morada em seu coração. Que nele o lugar cativo seja da gratidão! Ela é a chave para uma vida plena e feliz.

Jamais terceirize sua visão, pois é por meio dela que você terá clareza da direção que está seguindo. Para mim, uma pessoa sem visão é um prisioneiro. A visão deve ser seu grande trunfo. Há muitas construções por aí e, tirando os recursos com que foram feitas, o que as diferencia é a visão de quem as projetou. Sua visão poderá te levar a viver o extraordinário.

Jamais terceirize sua força: sim, ela é necessária, pois onde o tempo, o conhecimento, o seu coração e sua visão não forem tão efetivos, o seu esforço vai garantir seu êxito. Lembre-se: o trabalho duro sempre ganha do talento quando o talento não trabalha duro.

Quantas pessoas são meros passageiros, como diz aquela velha música: "Deixa a vida me levar, vida leva eu..."? Você pode ser o que quiser, você pode chegar aonde quiser, você pode ter o que quiser, o seu destino não é o que você está vivendo hoje — pelo contrário, você pode mais.

Lembre-se: você nasceu com a capacidade de imaginar, de sonhar, de projetar e, mais do que isso: você nasceu com sementes que carregam dentro de si um futuro grandioso. Não terceirize sua vida, aprenda a construir o seu futuro e viva todos os seus sonhos.

Bem-vindo à "CONSTRUÇÃO DO SEU FUTURO".

DESCOBRINDO SEU VALOR

Considerado um dos maiores criadores da história da arte do Ocidente, Michelangelo di Lodovico Buonarroti Simoni, conhecido no mundo como Michelangelo ou Miguel Ângelo, foi um pintor, escultor, poeta, anatomista e arquiteto italiano.

Ainda cedo, por volta do ano 1501, com 26 anos, Michelangelo começou a esculpir em um bloco de mármore com mais de cinco toneladas que estava abandonado por quase 40 anos nos fundos da Catedral de Santa Maria del Fiore, conhecida como o Duomo de Florença. Antes, alguns escultores, incluindo dois dos mais respeitados da época, Agostino di Duccio e Antonio Rossellino, desistiram de trabalhar após infrutíferos anos de lapidação da pedra. Foi dessa pedra sem valor e abandonada que ele pôde extrair uma verdadeira preciosidade.

Foi com 28 anos de idade que Michelangelo apresentou sua obra concluída, ou seja, durante dois anos da sua vida Michelangelo se dedicou a essa obra, estava focado em terminar aquilo que havia começado.

Essa obra de arte tão singular, a estátua do rei Davi, de 5,15 metros, que reproduz de forma perfeita a anatomia humana, está exposta na Academia de Belas Artes de Florença, na Itália, e causa emoção, até hoje, em quem se aproxima dela.

Essa emblemática escultura de Davi pôde ser apreciada pela primeira vez pelo público no dia 24 de junho de 1503. Além de grandiosa, a obra tem profundo significado espiritual e emocional, pois representa a vitória da superação, da ousadia, da inteligência e do discernimento sobre a força bruta do gigante Golias.

Conta-se que, nessa época, quando indagado por ninguém menos do que Leonardo Da Vinci, já respeitado e admirado como um sábio das artes, aos 51 anos, como conseguira esculpir com perfeição os 5,15 metros do monumental Davi, Miguel Ângelo respondeu: "Eu apenas tirei da pedra de mármore tudo que não era o Davi!".

Baseado nessa metáfora, Michelangelo não esculpia o mármore, mas libertava um ser precioso que estava aprisionado no interior da rocha.

Assim, imagine quanto potencial morre aprisionado nas sementes que estão armazenadas nas pedras sem "valor" que vivem jogadas por aí...

O MUNDO ESTÁ DIVIDIDO EM DOIS TIPOS DE PESSOAS

Com base no exemplo de Michelangelo, poderíamos enquadrar as pessoas que conhecemos em dois tipos:

1. Aquelas que, no emaranhado das narrativas diárias, vivem tateando a procura do caminho, quando não estão alienadas sem entender os porquês da vida. É, infelizmente, a maioria das pessoas, que passam pela vida sem fazer nada de relevante e sem descobrir o porquê de sua existência.

2. O segundo tipo são aquelas que sabem que nasceram para a grandiosidade e se deixam esculpir, se deixam trabalhar pelo grande artesão, o Espírito Santo, que usa a Palavra, pessoas e muitos outros meios como ferramenta para extrair o líder que está adormecido ou preso dentro de cada um.

No entanto, são poucas pessoas no mundo que irão experimentar todo o propósito de sua existência.

Conseguimos ver com os nossos olhos o que está diante de nós, mas não são muitos os que têm visão; porque a vista é uma função dos olhos, mas a visão é uma função do coração. A visão é a chave para liberar e alcançar o impossível para uma pessoa comum. É o estímulo motivacional para a disciplina pessoal, para liberar todo o potencial das sementes que estão dentro de cada pessoa.

Não importa a posição que você ocupa hoje. Se você é um executivo ou uma dona de casa, se é trabalhador autônomo ou um estudante, se é um líder ou liderado. É a descoberta de seu verdadeiro eu, ou do seu desígnio na vida, que fará com que você crie uma expectativa e cresça como pessoa, como filho, como líder e veja sonhos e esperanças se tornarem uma realidade.

Abraão, o patriarca do Antigo Testamento, descobriu o que ele poderia ser quando não era ninguém. Ele era um anônimo e nada tinha feito de relevante em sua vida. Teve uma oportunidade e não a desperdiçou. Sobre ele está escrito: "Então o Senhor disse a Abrão: 'saia da sua terra, do meio dos seus parentes e da casa de seu pai, e vá para a terra que eu lhe mostrarei. Farei de você um grande povo, e o abençoarei. Tornarei famoso o seu nome, e você será uma bênção. Abençoarei os que o abençoarem, e amaldiçoarei os que o amaldiçoarem; e por meio de você todos os povos da terra serão abençoados'. Partiu Abrão, como lhe ordenara o Senhor, e Ló foi com ele. Abrão tinha setenta e cinco anos quando saiu de Harã" (Gênesis 12:1-4).

De Abraão, que era um ninguém, mas que descobriu seu potencial em Deus, surgiu a nação de Israel de seu descendente e Deus usou o povo judeu para dar ao mundo os dois maiores presentes que alguém poderia receber: primeiro a Bíblia e o segundo Jesus, o Leão da tribo de Judá. E o nome de Abraão passou a ser conhecido em toda a Terra.

Eu pude entender o segredo espiritual quando Jesus falou sobre a semente do reino, as chaves contidas no princípio da semeadura e colheita. "O reino de Deus é como uma semente que é semeada...".

Estamos vivendo em um tempo decisivo e somente aqueles que descobrem as sementes que Deus lhes deu e desenvolvem seu potencial para viver com relevância serão lembrados pelo legado que irão deixar.

Minha reflexão, neste livro, tem base em experiências vividas por mim e por milhares de pessoas que tive a oportunidade de conhecer durante mais de quatro décadas ministrando. Depois de compartilhar os princípios aqui abordados, pude ouvir seus testemunhos sobre como entenderam a vida e como passaram a usufruir o melhor dela.

Assim, quero te convidar a ler e apreciar cada frase escrita neste livro: que você possa refletir nestas palavras e, o mais importante, que você descubra as chaves que estão aqui reveladas.

AS CHAVES DA GRANDEZA – AS SEMENTES

Vamos analisar as grandes chaves ocultas no processo da semente e seu desenvolvimento, o seu propósito... irei usar a semente como uma metáfora relacionada à vida humana.

Você deve saber que uma semente carrega um potencial dentro de si e um poder misterioso que faz com que ela gere uma floresta. Dentro de uma semente pode haver milhões de árvores, com incontáveis frutos.

É chamativo que a Bíblia comece com uma árvore e termine com outra, além de ter o seu ápice, que é a Salvação trazida por Cristo, realizado entre a Árvore da Cruz e o domingo da Ressurreição.

Com eloquência, o profeta Jeremias destacou a semelhança da humanidade com as árvores ao descrever "o homem que confia no Senhor": "Assemelha-se à árvore plantada perto da água, que estende as raízes para o ribeiro; se vier o calor, ela não temerá e sua folhagem continuará verdejante; não a inquieta a seca de um ano, pois ela continua a produzir frutos" (Jeremias 17:8).

Quero analisar e procurar extrair o profundo significado espiritual dessa tipologia que compara o homem à árvore para que você possa entender e dimensionar o verdadeiro significado que Deus lhe deu, pois, somente assim, você entenderá o real significado, o seu verdadeiro propósito aqui na Terra. Dessa forma, poderá realizar grandes feitos, deixar um legado, como Jesus cita em João 14:12: "Digo-lhes a verdade: aquele que crê em mim fará também as obras que tenho realizado. Fará coisas ainda maiores do que estas, porque eu estou indo para o Pai".

O PRINCÍPIO DA SEMENTE

E contou-lhes Jesus outra parábola: "O Reino dos céus é como um grão de mostarda que um homem plantou em seu campo. Embora seja a menor dentre todas as sementes, quando cresce torna-se a maior das hortaliças e se transforma numa árvore, de modo que as aves do céu vêm fazer os seus ninhos em seus ramos" (Mateus 13:31-32).

O que é essa semente do grão de mostarda?

Seu nome científico é *Sinapis alba*. Embora a semente seja tão pequena, ela chega a ser uma árvore com três metros de altura. O seu tronco principal se subdivide em vários galhos e as aves vêm em grande número pousar em seus ramos e se alimentam dos grãos de mostarda.

A semente de mostarda é extremamente pequenina, mas tem o potencial de se tornar uma grande árvore. Por isso, o que você irá se tornar depende de sua semeadura. O que você precisa você já tem. É o potencial das sementes que Deus lhe deu que farão você ser e fazer e capacitarão você a liderar em todas as áreas. Decida aprender a ser líder de si mesmo, porque quem não consegue liderar a si mesmo vai ter dificuldade nas outras áreas.

Quem é líder de si mesmo tem a mente forte e o coração sensível. Não é levado pela comida, bebida e nem por qualquer narrativa infundada ou qualquer vento de doutrina ou superstição.

O seu futuro está escondido nas sementes que Deus lhe deu.

"O Reino dos céus é como um grão de mostarda que um homem semeou em seu campo...".

A sua semeadura dará um comando e seu futuro ouvirá essa voz.

Você tem uma visão, um sonho?

Esse é o campo que está dentro de você e diante de você é o campo da sua vida, e é você quem decide plantar no seu campo.

Investir para ter um futuro é semear para que a semente se desenvolva, liberando todo o seu potencial, e não há limites para o potencial de uma semente.

Imagine aonde você pode chegar...

Para explicar sobre isso de uma forma simples mas profunda, Jesus disse: "Porque a fé que vocês têm é pequena. Eu asseguro que, se vocês tiverem fé do tamanho de um grão de mostarda, poderão dizer a este monte: 'Vá daqui para lá,' e ele irá. Nada será impossível para vocês" (Mateus 17:20).

"Nada será impossível", que tremenda declaração para os que entendem o princípio da semeadura e da colheita. A fé é fantástica. Uma atitude de fé mudará o quadro de sua vida e você poderá colher milagres extraordinários.

Mas como isso funciona? O princípio da fé é como uma pequenina semente de mostarda. As sementes que você libera para abençoar você e outras pessoas sempre retornarão para sua vida e para seu futuro trazendo uma grande colheita.

Semeie com fé, crie uma grande expectativa como o agricultor que sempre espera uma grande colheita.

Ninguém nasce líder, assim como uma árvore não nasce árvore, mas a partir de uma pequena semente, e assim é a sua vida. Você começa bem pequeno e é no processo de desenvolvimento que você cresce e maximiza o seu potencial.

Uma pequena semente produz uma floresta. Um milharal está escondido em um grão de milho, um laranjal está oculto em uma semente de laranja.

O misterioso segredo das sementes revela a sabedoria divina, que colocou dentro da pequenina semente de mostarda uma árvore de três metros que pode alimentar as aves, permitir que elas façam seus ninhos e dar sombra aos animais.

E, dentro de você, quais sementes estão escondidas? Qual é a altura da árvore que está no seu interior?

Portanto, entender o princípio da semente será fundamental para o seu pleno desenvolvimento em todas as áreas da sua vida.

O MISTÉRIO NA SEMENTE

Boas sementes morrem quando se negligencia o cuidado de que elas precisam.

O início de algo extraordinário na sua vida está nas sementes que você tem. Diante de seus olhos está um campo lavrado à espera de que suas sementes sejam lançadas.

Você já sofreu uma grande decepção?

É preciso aprender que todo o impacto de uma circunstância desagradável tem em si as sementes de uma grande recompensa.

As sementes para solucionar qualquer problema, se não estão consigo, com certeza estão com alguém próximo a você!

As sementes que você planta hoje talvez outros irão colher. Lembre-se que para o que planta e para o que colhe sempre haverá uma recompensa.

A semente da ação desperta com um desejo, motivado por uma visão.

As mudanças em sua vida acontecerão à medida que você mudar a semeadura para seu futuro.

Decida não morrer sem ver os frutos colhidos das sementes que Deus lhe deu!

Esse deve ser o propósito de sua existência!

Não desanime, continue, persista, pois o Espírito Santo irá lhe acompanhar, como Jesus fala em João 14:17: "O Espírito de verdade, que o mundo não pode receber, porque não o vê nem o conhece; mas vós o conheceis, porque habita convosco, e estará em vós".

O QUE ACONTECE SE A SEMENTE NÃO DESPERTAR

Há um grande perigo da semente se tornar alvo de predadores, pois é um excelente alimento, é completo, tem todos os nutrientes.

O que pode destruir uma semente que está guardada quando deveria ser plantada? As desilusões do passado que impedem que se creia que é possível dar certo no futuro. Palavras podem matar sonhos guardados no coração. Normalmente, seguimos a voz que for mais forte em nosso coração. Portanto, muito cuidado com o que você ouve.

A falta de ousadia, de determinação, de coragem, de desejo e de foco podem ser predadores que destroem as sementes que Deus nos deu.

Sementes precisam ser cuidadas e semeadas em boa terra.

Algumas espécies germinam facilmente; a evolução de outras ainda é um mistério; e umas podem até serem extintas, por isso precisam ser despertadas.

Para mim, esse despertar da semente é um verdadeiro milagre.

Silenciosamente, de uma maneira oculta embaixo da terra, solitária e lentamente, ela emerge para a vida. Rompendo com o invólucro que a prende, aparentemente ela se quebra, se desfaz para que algo novo aconteça. Ela se liberta para viver o seu propósito. Assim é a nossa vida. Temos sementes que Deus nos deu. Promessas que ainda não se cumpriram. Talentos que não foram desenvolvidos. Sonhos que ainda não se realizaram. Propósitos que não foram descobertos.

Essas sementes precisam e devem germinar. Precisamos romper, quebrar os moldes, se libertar do invólucro, se deixar quebrar para que surja o novo, para que o reino se manifeste por meio de nós. Mas, para isso tudo acontecer, a semente precisa germinar. Você está disposto a germinar as suas sementes?

A GERMINAÇÃO

Toda semente precisa de certos elementos indispensáveis nesse deslumbrante processo de germinação.

Primeiro elemento: o terreno deve ter um solo limpo, arado, preparado para a semeadura...

O solo é o nosso coração. Ele deve estar limpo de toda a mancha, de todo o mal. Foi Jesus quem disse: "Porque do coração procedem maus desígnios, homicídios, adultérios, prostituição, furtos, falsos testemunhos, blasfêmias. São estas as coisas que contaminam o homem" (Mateus 15:19-20).

ARREPENDEI-VOS — esse é o primeiro passo para a preparação do solo para que a semente do reino germine e se desenvolva...

Mas o que é arrependimento?

Arrependimento é uma mudança de atitude. A pessoa que se arrepende muda de ideias, de paradigmas, de atitudes e decide viver de forma diferente. O arrependimento não acontece com base no remorso, no medo...

O que leva ao arrependimento é a dor sentida por causa da dor causada.

Então, é pela fé na graça e misericórdia de Jesus que somos limpos de todo o pecado mediante a decisão de viver uma nova vida.

Quando somos perdoados, nosso coração é limpo e se torna boa terra para receber e desenvolver a semente do reino de Deus. Por isso, está escrito: "Arrependam-se, porque o Reino dos céus está próximo" (Mateus 3:2).

Um verdadeiro arrependimento: o rei Davi é um modelo e inspiração sobre o arrependimento.

Acredito que, quando Deus disse que Davi era um homem segundo Seu próprio coração, Ele quis dizer que a essência de Davi se conformava à Sua vontade. Apesar de ter cometido uma transgressão impulsiva, Davi foi capaz de se arrepender verdadeiramente. A Bíblia registra que, após ter pecado, o rei Davi orou a Deus, dizendo: "Volta-te, Jeová, livra a minha alma; salva-me por tua misericórdia. [...] toda noite faço nadar em lágrimas a minha cama, inundo com elas o meu leito" (Salmos 6:4-6).

Por causa de seu pecado, o rei Davi sentiu uma tristeza profunda, se arrependeu, confessou, jejuou e orou diante de Deus todos os dias, com humildade pediu a misericórdia do Deus que é misericordioso.

Também está registrada essa oração de arrependimento de Davi: "Estou cansado de chorar. Todas as noites a minha cama se molha de lágrimas, e o meu choro encharca o travesseiro" (Salmo 6:6).

Vemos nessa oração a extensão de sua tristeza por ter falhado e o quanto ele buscou o perdão.

Deus perdoou e Davi mudou para sempre.

Veja que registro interessante a respeito de Davi: "Ora, o rei Davi era já velho, de idade mui avançada; e por mais que o cobrissem de roupas não se aquecia. Disseram-lhe, pois, os seus servos: busque-se para o rei meu senhor uma jovem donzela, que esteja perante o rei, e tenha cuidado dele; e durma no seu seio, para que o rei meu senhor se aqueça. Assim buscaram por todos os termos de Israel uma jovem formosa; e acharam Abisague, a sunamita, e a trouxeram ao rei. Era a jovem sobremaneira formosa; e cuidava do rei, e o servia; porém o rei não a conheceu" (1 Reis 1:1-4).

Em seus últimos anos, o rei Davi não conseguia dormir bem, então seus servos arranjaram uma virgem incrivelmente linda para esquentar sua cama, mas o rei Davi jamais a tocou. Não que ele não tivesse condições de ter relação com ela, mas ele quis continuar limpo como uma boa terra perante Deus.

Davi, após perceber sua própria transgressão, arrependeu-se e mudou completamente, de modo que nunca mais cometeria o mesmo pecado.

Tendo a história de Davi como ilustração, entendemos que, para a semente ser plantada e para que ela possa germinar, o primeiro passo é preparar a terra — "arrependimento."

Ela também necessita, além de solo fértil e acolhedor, de água pura, de luz transparente, de ar e do calor do sol. É nesse ambiente que de repente surge na terra escura o brotinho frágil, contendo em si o potencial para uma planta saudável e, por fim, uma árvore frutífera.

O solo fértil e acolhedor é o coração arrependido.

Segundo elemento: a água pura é a Palavra de Deus que devemos ler e da qual devemos nos alimentar constantemente.

A água é essencial para o desenvolvimento de todo ser vivo, sem água não há vida. E, da mesma forma, sem a Palavra de Deus não há vida para o cristão.

Terceiro elemento: a luz transparente é a revelação da Palavra.

As plantas conseguem sintetizar o seu alimento na presença de luz solar. A revelação da Palavra é o alimento para todos nós. De nada adiantaria ter a Palavra de Deus se não houvesse a revelação Dela. Isso nos torna completos, isso nos transporta para a presença do Espírito Santo, isso nos aquece.

Portanto, o calor do sol é o amor que deve aquecer nossos corações, tornando-nos apaixonados por Jesus e pelos nossos próximos.

Prepare a terra porque a semente do Reino já foi dada!

O PROCESSO

Note que Jesus NÃO se preocupa com os detalhes que são tão importantes no processo de plantio:

– lavrar o solo;

– adubar o solo;

– e limpar as ervas daninhas.

Mas existe algo que só Deus pode fazer!

O que Jesus nos diz é que a semente e a terra foram feitas uma para outra e receberam um mandato de Deus, como está escrito em Gênesis 1:11-12: "Então disse Deus: Cubra-se a terra de vegetação: plantas que dêem sementes e árvores cujos frutos produzam sementes de acordo com as suas espécies. E assim foi. A terra fez brotar a vegetação: plantas que dão sementes de acordo com as suas espécies, e árvores cujos frutos produzem sementes de acordo com as suas espécies. E Deus viu que ficou bom".

A REGRA É: plante a semente e essa frutificará em algum momento até o amadurecimento e a colheita. Isso tudo é um processo e é misterioso. Temos que entender que a única coisa que não é mistério é que o fruto virá da semente plantada!

"Plantas que dão sementes de acordo com as suas espécies, e árvores cujos frutos produzem sementes de acordo com as suas espécies. E Deus viu que ficou bom".

QUER SOJA, PLANTE SOJA!

QUER LARANJA, PLANTE LARANJA!

DEUS NÃO LHE DÁ O QUE VOCÊ NÃO PLANTOU!

"Quem semeia vento colhe tempestade; quem semeia o mal recebe maldade e perde todo o poder que possuía" (Provérbios 22:8).

O menino que plantou peixe e pão colheu 12 cestos cheios de peixes e pão!
A viúva plantou farinha e azeite e colheu farinha e azeite!
Abraão plantou o seu filho Isaque, colheu ser pai de multidão!
Plante estudo, colha conhecimento!
Plante tempo, colha memórias!
Plante exercícios e boa alimentação, colha saúde!
O que você deseja colher é o que você precisa PLANTAR!

A última PALAVRA é DELE

"A soberania de Deus" é a ênfase da parábola: *"Noite e dia, quer ele durma quer se levante, a semente germina e cresce, embora ele não saiba como" (Marcos 4:27).*

O agricultor não sabe explicar como o crescimento ocorre. O lavrador não perde o sono acerca da semente plantada pensando se ela irá germinar ou não. O lavrador sabe que da semente plantada — que ele não mais vê — primeiro virá a erva, depois a espiga e por fim os grãos na espiga. Esse processo vai ocorrer do começo ao fim e ele não precisa fazer nada para ajudar.

"Porque desde o começo do mundo, nenhum ouvido ouviu e nenhum olho viu um Deus semelhante a ti, que trabalha em favor dos que nele esperam" (Isaías 64:4).

Ele trabalha pela tua semente!

Ele trabalha para você colher!

Semear tem a ver com matar a semente!

Semear tem a ver com deixar a semente sair da sua mão para um dia voltar multiplicada para sua vida!

"Eu lhes digo a verdade: se o grão de trigo não for plantado na terra e não morrer, ficará só. Sua morte, porém, produzirá muitos novos grãos" (João 12:24).

O POTENCIAL DO MENOR

Vivemos em um tempo em que se valorizam os títulos, a aparência — estar na vitrine é fundamental.

Há um provérbio africano que diz: "Se você acha que é pequeno demais para fazer a diferença, é porque não dormiu com um mosquito".

O grão de mostarda é a menor semente.

Nunca subestime o menor, porque, na casa de Jessé, o menor entre vários irmãos, o humilde pastorzinho de ovelhas se tornou o maior rei de Israel e ainda recebeu o testemunho dos céus de homem segundo o coração de Deus.

Que relato impressionante sobre a escolha daquele que seria o maior rei de Israel: "Disse mais Samuel a Jessé: Acabaram-se os jovens? E disse: Ainda falta o menor, e eis que apascenta as ovelhas. Disse, pois, Samuel a Jessé: Envia e manda-o chamar, porquanto não nos assentaremos em roda da mesa até que ele venha aqui. Então, mandou em busca dele e o trouxe (e era ruivo, e formoso de semblante, e de boa presença). E disse o Senhor: Levanta-te e unge-o, porque este mesmo é. Então, Samuel tomou o vaso do azeite e ungiu-o no meio dos seus irmãos; e, desde aquele dia em diante, o Espírito do Senhor se apoderou de Davi. Então, Samuel se levantou e se tornou a Ramá" (1 Samuel 16:11-13).

Raramente o menor é lembrado.

Quando lemos que "o mais pequenino virá a ser mil [...]" (Isaías 60:22), isso é muito diferente de nossas estimativas.

Nós olhamos para as magnitudes externas, Deus olha para o que tem extensão interior em si mesmo; como cada um é importante.

A mão sem o dedo mindinho seria incompleta.

Alguém disse certa vez: "Por vezes sentimos que aquilo que fazemos não é senão uma gota de água no mar. Mas o mar seria menor se lhe faltasse uma gota".

Sobre Davi está escrito: "Então Deus escolheu o seu servo Davi; ele o tirou do curral de ovelhas quando ainda pastoreava o rebanho. Ele o pôs como rei de Israel, como pastor do povo de Deus. Davi cuidou deles com dedicação e os dirigiu com sabedoria" (Salmo 78:70-72).

Davi, o menor, tornou-se um grande homem, um músico ungido, um salmista, um sacerdote, um profeta, um guerreiro vitorioso, um grande líder, um rei que marcou e marca gerações. Ele se tornou uma grande árvore e pôde cuidar de sua nação.

Nunca subestime o menor, porque o menor poderá produzir por mil...

O apóstolo Paulo cita em 1 Coríntios 1:25: "Porque a loucura de Deus é mais sábia que a sabedoria humana, e a fraqueza de Deus é mais forte que a força do homem". Assim, não devemos desprezar os pequenos começos, as coisas pequenas das nossas vidas, pois tudo pode ser um trabalhar de Deus para que possamos atingir grandes resultados.

AS SEMENTES DA GRANDEZA

Você tem as sementes para gerar um futuro inimaginável. Ao seu redor há muitas pessoas que precisam ser cuidadas e isso só vai acontecer com aquelas pessoas que descobriram o seu propósito e estão dispostas a passar pelo processo para se desenvolver para liderar em tudo, tornando-se relevantes. Será que você é uma delas? Deus acredita em você. Jesus foi enviado porque Deus sabe o valor que você tem. Se você se vê como o menor, não esqueça que está escrito: "O mais pequenino se tornará mil, o menor será uma nação poderosa. Eu sou o Senhor; na hora certa farei que isso aconteça depressa" (Isaías 60:22).

O segredo de produzir por mil está nas sementes que estão em você.

Quando uma semente não é plantada, morre e, com ela, morre uma floresta. Porém, se ela se tornar uma árvore, poderá salvar uma geração. Decida ser árvore plantada junto às águas e, então, você será inspiração para aqueles que ainda não entenderam o processo e passam por momentos adversos.

Quantos casais não estão com casamento desmoronando, quantos precisam de uma palavra, de um sábio conselho? Você terá essa palavra que poderá levantar essa pessoa que está prostrada para levá-la ao desígnio de sua existência. Sim, você saberá dar um conselho, um abrigo e uma sombra.

"[...] agora haverá uma nação deles forte e poderosa; os fracos entre eles serão como Davi, e a casa de Davi como Deus, como o Anjo do Senhor" (Zacarias 12: 8).

HOMENS COMO ÁRVORES

Você é o resultado da semente que foi plantada no útero de sua mãe.

A Escritura Sagrada compara o homem, como resultado de uma semente, a uma árvore. Veja o que está escrito: "Ele é como a árvore plantada à margem do rio, que dá seu fruto no tempo certo. Suas folhas nunca murcham, e ele prospera em tudo que faz. O mesmo não acontece com os maus! São como palha levada pelo vento" (Salmos 1:3-4).

Do ponto de vista divino, temos aqui o contraste dos dois únicos tipos de pessoas, cada tipo com um conjunto distinto de princípios de vida.

O salmo aponta para dois caminhos ou comportamentos que representam dois modos de vida com resultados diferentes.

"O homem como árvore plantada junto às águas". Essa analogia nos leciona que, quando estamos conectados com a fonte, temos o potencial do propósito de nossa existência.

Quão profundo é o ensino que essa metáfora nos apresenta! "O homem como árvore". Deus é a fonte para que cada pessoa viva na plenitude de seu potencial com dons, talentos, habilidades, sabedoria e disposições capazes de serem usados para inspirarem e serem relevantes na vida de outras pessoas e ainda realizarem coisas inimagináveis.

Estando plantado junto à corrente de águas, o homem (a árvore) dará o fruto no tempo certo, suas folhas não murcham e tudo que ele faz prosperará.

A primeira maior tragédia de uma semente é ela nunca ser plantada e a segunda é ela ser semeada no deserto. Na primeira situação, a semente nunca encontrará o solo para se desenvolver e, na segunda, mesmo encontrando o solo, não terá as condições mínimas para germinar. Portanto, as duas morrerão antes mesmo de começarem a viver o propósito que cada uma carrega dentro de si.

"A árvore plantada junto às águas". Essa sentença significa que a árvore é cada pessoa abençoada por Deus e chamada para pôr de lado a mediocridade de uma vida sem sentido e abraçar a mais absoluta verdade sobre quem somos e sobre os frutos que podemos dar.

É na semente que a árvore está escondida: assim é o líder que está dentro de cada pessoa. Então, cada um deve começar da base para depois chegar ao ápice de seu desenvolvimento.

Quero compartilhar ideias neste livro que irão te ajudar a descobrir seu propósito. O motivo pelo qual você existe está escondido no seu propósito.

A convicção da missão de sua existência só será possível com a descoberta de seu desígnio: é isso que lhe dará visão do futuro. Uma árvore saudável dará muitos frutos e frutos são alimentos!

Eu convido você a viajar comigo pelas páginas seguintes para se inspirar e depois inspirar outros. Com certeza, você verá as coisas não como elas são, mas como devem ser. Porque entre uma árvore plantada junto às águas e outra plantada no deserto existe uma grande diferença!

ÁRVORES SEM RAIZ

Aqui está um registro interessante: "E chegou a Betsaida; e trouxeram-lhe um cego, e rogaram-lhe que o tocasse. E, tomando o cego pela mão, levou-o para fora da aldeia; e, cuspindo-lhe nos olhos, e impondo-lhe as mãos, perguntou-lhe se via alguma coisa. E, levantando ele os olhos, disse: Vejo os homens; pois os vejo como árvores que andam" (Marcos 8:22-24).

"Homens; pois os vejo como árvores que andam".

Árvores não nascem para andar, mas para crescer, dar frutos e multiplicar e isso somente será possível se a árvore estiver plantada em uma boa terra e de preferência sendo irrigada constantemente.

"Homens; pois os vejo como árvores que andam".

Isso fala de pessoas sem propósito: elas são como palha levada pelo vento, elas não têm raízes, não têm base. São pessoas que não entenderam a sua existência.

Uma árvore andando é uma árvore sem frutos, que, consequentemente, secará e, por fim, será queimada. Nesse tempo de ceticismo em que a maldade se multiplica e a fé esfria, seria uma atitude sábia fazer uma profunda reflexão sobre quem realmente somos: se somos como árvores plantadas junto às águas ou se somos como árvores que andam. Reflita e se questione: qual tipo de árvore você está sendo?

PRIMEIRO A SEMENTE, DEPOIS A ÁRVORE

Uma árvore não nasce árvore, seu início está na semente que, envolta pela casca, carrega em si o embrião que fará com que ela se consolide no futuro e dê seus frutos.

Assim é cada ser humano, se entendermos os processos da vida. Nascemos com um propósito, devemos crescer para dar frutos e se multiplicar. Se não entendermos, vamos seguir sendo somente árvores andando, sem nenhuma base, sem raiz.

Jesus falou do poder que há na menor semente. Os princípios ensinados por Ele no Evangelho aparentam ser tão simples que é bem fácil não perceber ou entender o poder e a profundidade dessas chaves que podem nortear os seus passos e o seu futuro e fazer você uma pessoa plena.

Cada pessoa é o resultado das sementes que germinam dentro de si.

O processo para você se tornar a pessoa que você nasceu para ser é um processo de crescimento e de desenvolvimento. Para você viver esse processo, é necessário abrir a mente e o coração criando uma expectativa para algo novo. Na revelação do princípio da semente, você entenderá como desenvolver o potencial que Deus colocou à sua disposição.

Não se questione e não feche as portas de possibilidades de uma mudança para viver o melhor, porque a chave que abrirá as portas de uma grande colheita está escondida nas sementes que estão dentro de você, que serão liberadas para o propósito.

As sementes que semeamos jamais sairão de nossa vida, mas voltarão numa linda colheita, porque primeiro vem a semente e depois a árvore com seus frutos.

FIEL NO POUCO

Ser fiel no pouco é o grande segredo da semente.

"Sobre o pouco foste fiel, sobre o muito te colocarei..." (Mateus 25:21).

Existe um fundamento, que é a Lei do Senhor, e a lei significa ordem, dever, obrigação, segurança, direitos.

Dessa forma, pergunto-lhe: qual é o seu maior prazer?

Nosso tempo precisa estar naquilo que é eterno!

De dia ou de noite, e não apenas aos domingos indo aos cultos... seu tempo precisa focar na eternidade, não somente em momentos do dia!

Se a palavra de Deus não for aceita com amor, será pesado o fardo!

Isso é tão importante que vale lembrar que Jesus apontou um erro que as pessoas cometem: "Jesus, porém, respondendo, disse-lhes: Errais, não conhecendo as Escrituras, nem o poder de Deus" (Mateus 22:29).

Nosso maior erro: É NÃO CONHECER AS ESCRITURAS E O SEU PODER!

"Não se aparte da tua boca o livro desta Lei; antes, medita nele dia e noite, para que tenhas cuidado de fazer conforme tudo quanto nele está escrito; porque, então, farás prosperar o teu caminho e, então, prudentemente te conduzirás" (Josué 1:8).

Assim, quando somos fiéis no pouco, sobre o muito Deus nos colocará. É como uma grande árvore, que começa com um pequeno broto e se desenvolve dentro de um processo que envolve grandes e necessários desafios, ciclos passando por várias estações até chegar a ser uma grande árvore dando seus frutos e sombra.

Você precisa saber que existem sementes de grandeza dentro de você. Comece pequeno, seja fiel no pouco e, no processo das estações da vida, você experimentará o verdadeiro propósito de sua existência. Dessa forma, você estará cumprindo o seu desígnio, que é viver para o Reino de Deus.

Viva a Palavra!

Ame a Palavra!

Viva esse amor que traz forma!

REFLEXÃO

Creio que você tenha entendido tudo o que já foi lido, até então neste livro. Escreva nas linhas abaixo, por exemplo, o que mais tocou no seu coração, qual a mensagem que o livro está lhe transmitindo.

_____
_____
_____
_____
_____
_____
_____
_____
_____
_____
_____
_____
_____
_____
_____
_____
_____
_____
_____

FIRMADO PELAS RAÍZES

"Pois será como a árvore plantada junto a ribeiros de águas, a qual dá o seu fruto na estação própria, e cujas folhas não caem, e tudo quanto fizer prosperará" (Salmos 1:3).

Preste atenção nesta palavra: ÁRVORE PLANTADA!

É árvore, é firme, é estável, sempre oferece sua sombra, dá frutos e multiplica sementes para que nasçam outras árvores.

As árvores são símbolos de solidez, de confiança.

Todos devemos ser árvores, não lenha!

Satanás sempre vai querer vir e nos derrubar para fazer lenha de nossas vidas.

Que sábio conselho Paulo deu aos coríntios: "Assim, aquele que julga estar firme, cuide-se para que não caia!" (1 Coríntios 10:12).

"A sua voz irá como a da serpente, porque marcharão com um exército e virão a ela com machados, como cortadores de lenha" (Jeremias 46:22).

A diferença da árvore frutífera e da árvore infrutífera é que a árvore frutífera é aquela plantada junto ao ribeiro e a árvore infrutífera resulta em uma árvore seca, a qual se tornará lenha e lenha só é usada uma vez e vira cinza. Lenha é feita de árvore caída, é o que sobra, de uma árvore que foi derrubada (infrutífera).

Satanás usará pessoas que poderão desviar você do propósito do Reino. Essas pessoas serão como lenhadores, que, com seus machados, tentarão destruir você, afastar de Deus, usando o machado do desânimo, machado da crítica, machado de propostas tentadoras, machado de palavras ofensivas ou de desprezo. Assim, essas pessoas pegarão machados para transformar você em lenha!

Dessa forma, firme raízes, torne-se frutífero e assim o mal não alcançará você, porque Jesus Cristo estará ao seu lado!

PLANTADOS PARA GERAR

Há um poder tremendo em permanecer, se você não desistir. Elias, o grande profeta, foi inabalável em tempos de crise. Está escrito: "Depois disso a palavra do Senhor veio a Elias: Saia daqui, vá para o leste e esconda-se perto do riacho de Querite, a leste do Jordão. Você beberá do riacho, e dei ordens aos corvos para o alimentarem lá. E ele fez o que o Senhor lhe tinha dito. Foi para o riacho de Querite, a leste do Jordão, e ficou por lá. Os corvos lhe traziam pão e carne de manhã e de tarde, e ele bebia água do riacho. Algum tempo depois, o riacho secou-se por falta de chuva" (1 Reis 17:2-7).

Esse quadro nos mostra um segredo: quando você tem a palavra de Deus, pode e deve permanecer Nela.

Houve três anos e seis meses de seca em Israel, era um juízo sobre a nação e, quando Elias proferiu esse juízo — porque Israel havia se afastado de Deus —, então o rei Acabe decidiu matar Elias. Porém, Deus disse: "Vá para o leste e fique no ribeiro, porque eu vou cuidar de você". Em outras palavras: "Permaneça!".

Aconteceu que, depois de dias, o ribeiro secou, não havia mais água, mas Elias não saiu de lá, porque sua fé não estava no que se vê, por isso ele permaneceu firme na Palavra. Só então veio a ordem do Senhor mais uma vez e Ele disse ao profeta ir a Serepta, porque uma viúva iria cuidar dele. E o milagre não veio só para Elias, mas para a viúva, para o filho dela e eles foram cuidados até que chovesse novamente.

Somos comparados a uma árvore e devemos aprender a estar plantados, firmes, com raízes profundas, para vencer, multiplicar-nos e gerar frutos. Aprendemos com Elias que só cria raízes quem permanece. A permanência e a persistência vão surpreender você e vão fazer com que Deus te surpreenda.

A perseverança é a força do seu coração que Deus vê. Na verdade, Ele conhece o coração e os pensamentos de cada um. Quando você pensar, Ele já sabe bem antes de você falar. Fique tranquilo, Ele sabe tudo!

Foi Davi quem disse em um momento de inspiração: "Não havendo ainda palavra alguma na minha língua, eis que logo, ó Senhor, tudo conheces" (Salmos 139:4).

As raízes de uma árvore determinam a saúde dela. Dependendo do terreno onde a árvore é plantada, ela será uma árvore forte que dará frutos e se multiplicará ou então será uma árvore fraca e ficará perdendo as forças até secar e ser levada pelo vento ou cortada e queimada.

Uma árvore com raízes profundas suporta os vendavais, tempestades. Existem os açoites do vento e, quanto mais ela passar por tempestades, mais ela firmará suas raízes e mais forte ela ficará.

Quando pessoas desistem, claramente fica demonstrado que elas não têm raízes!

"O justo florescerá como a palmeira; crescerá como o cedro no Líbano. Os que estão plantados na casa do Senhor florescerão nos átrios do nosso Deus. Na velhice ainda darão frutos; serão viçosos e vigorosos" (Salmos 92:12-14).

O cedro do Líbano é o símbolo de força e eternidade. Nos primeiros três anos de vida, ele alcança 3 cm de altura e 1,5 m de profundidade nas suas raízes, sendo muito difícil arrancar a plantinha. Nos primeiros três anos, sua aparência quase não é percebida, mas, nesse tempo, ele firma suas raízes, aprofunda-se no secreto. É no oculto, em nossas orações, reflexões e intimidade com Deus que ficamos sólidos e fortes.

Depois, essa planta começa a crescer 20 cm por ano e chega a 40 m de altura. Deus compara o homem justo, assim, ao cedro do

Líbano, que está plantado e permanece em seu lugar independentemente do tempo.

Permanecer plantado, para criar raízes profundas, deve ser o seu objetivo. Árvores fortes são aquelas que crescem para baixo e depois começam a crescer para cima, onde nascem folhas, frutos e sementes.

Entenda que a raiz não depende do fruto, mas os frutos dependem da raiz, então, se a pessoa quer dar frutos, ela precisa criar raízes. E aqui está a resposta do porquê muita gente viver de aparência, sem nunca fazer nada relevante, sem ter nenhum fruto: porque elas não têm raízes.

Jesus condenou a árvore que só tinha folhas, Ele condenou as aparências. O que define o fruto é a raiz, é o local onde ela está plantada.

Eu quero dizer que é a conexão, é onde você está ligado, conectado, porque é pela raiz que vêm a vida e a força da árvore, é por lá que vem a seiva que gera os frutos.

Se a pessoa não tem raiz, ela logo vai ser levada pelo vento. "Mal eles são plantados ou semeados, mal lançam raízes na terra, Deus sopra sobre eles, e eles murcham; um redemoinho os leva como palha" (Isaías 40:24).

Uma pessoa sem raízes é levada por todo vento de doutrinas, narrativas e falsas ideias: "Encontrando uma figueira à beira do caminho, foi ver se havia figos, mas só encontrou folhas. Então, disse à figueira: Nunca mais dê frutos! E, no mesmo instante, a figueira secou. Quando os discípulos viram isso, ficaram admirados e perguntaram: Como a figueira secou tão depressa? Jesus respondeu: Eu lhes digo a verdade: se vocês tiverem fé e não duvidarem, poderão fazer o mesmo que fiz com esta figueira, e muito mais. Poderão até dizer a este monte: Levante-se e atire-se no mar, e isso acontecerá. Se crerem, receberão qualquer coisa que pedirem em oração" (Mateus 21:19-22).

O que Jesus leciona aqui é "creia em Deus", "permaneça em Deus", permaneça e crie raízes profundas, porque senão você será só aparência, somente folhas destinadas a secar.

Ter uma vida que produz e tem significado e ser abençoado em todas as áreas depende de onde você está plantado.

Os fariseus faziam questão de orar nas praças para serem vistos. Jesus contou que dois homens entraram no templo para fazer suas orações. Um deles chegou falando o quanto orava e quanto jejuava e o outro baixou a cabeça e pediu por misericórdia, então Jesus fala que apenas esse foi justificado.

Não tem como ser justificada a pessoa que só quer ser cristã para mostrar aos outros, mas não demonstra arrependimento, nem tem vida com Deus e nem santidade — é como uma árvore sem raízes.

A parte exterior da sua vida, casamento, saúde, família, trabalho, que são os galhos, dependem das raízes, que é a sua vida com Deus.

Quando as pessoas não estão enraizadas, elas são levianas, qualquer vento leva, elas não honram a palavra, prometem e não cumprem.

Pessoas que não resistem à tentação e à provação são como árvores que não resistem a um vento ou tempestade — não darão frutos e seu destino será secar.

Que palavra terrível para aqueles que só têm aparência e não têm raízes. Eles dizem que são, mas na verdade não são. E uma árvore que não produz nada se torna uma árvore inútil.

Jó declara isso sobre a sua própria vida: a tempestade estava batendo na vida dele, mas ele tinha RAÍZES.

Com raízes, você torna a florescer, suporta as tempestades e provas. Jó perdeu o que era aparente, mas ele não perdeu o principal, que são as raízes. Se você não perder as suas raízes, você sempre vai voltar a florescer, a dar frutos e ser a pessoa que você nasceu para ser.

"Portanto, assim como vocês receberam a Cristo Jesus, o Senhor, continuem a viver nele, enraizados e edificados nele, firmados na fé, como foram ensinados, transbordando de gratidão" (Colossenses 2:6-7).

"E os que estão sobre pedra, estes são os que, ouvindo a palavra, a recebem com alegria, mas, como não têm raiz, apenas crêem por algum tempo, e no tempo da tentação se desviam" (Lucas 8:13).

Judas escreveu sobre aqueles que eram árvores sem raízes: "Quando esses indivíduos, sem o menor constrangimento, participam de suas refeições de celebração ao amor do Senhor, são como perigosos recifes que podem fazê-los naufragar. Sim, são como pastores que só se preocupam consigo mesmos, como nuvens que passam sobre a terra sem dar chuva, como árvores no outono, duplamente mortas porque não dão frutos e foram arrancadas pelas raízes. São como ondas violentas no mar, espalhando a espuma de seus atos vergonhosos, como estrelas sem rumo, condenadas para sempre à mais profunda escuridão" (Judas 1:12-13).

REFLEXÃO

Você entendeu tudo à medida que foi lendo cada capítulo, então, escreva nas linhas abaixo, por exemplo, o que mais tocou no seu coração, qual a mensagem que o livro está lhe transmitindo.

_____
_____
_____
_____
_____
_____
_____
_____
_____
_____
_____
_____
_____
_____
_____
_____
_____
_____

SEMEADURA E COLHEITA

Você precisa plantar a semente.

"Se o grão de trigo caindo na terra não morrer, fica ele só; mas se morrer, dá muito fruto" (João 12:24).

Você precisa entregar a sua semente e não considerar mais o seu valor. Isso se chama investimento. Você já investiu num bom livro, numa boa mentoria, numa boa academia ou boa alimentação?

Você ama seu próximo? O que você faz para os outros voltará para você em forma de colheita.

Você precisa plantar o que espera colher.

"[...] *que davam semente segundo as suas espécies* [...]" (Gênesis 1:12).

É claro que os seres humanos são vistos como uma criação distinta de Deus, sem relação com a criação animal, exceto pelo fato de que nascemos para dominar.

O princípio da semeadura está presente na criação. Esse princípio natural é também um princípio da vida e um princípio espiritual.

Portanto, tanto no natural quanto no espiritual, a semente produz segundo sua espécie.

O solo do nosso coração e o campo de nossa vida absorvem a semente que depositamos e que produz de acordo com sua espécie. Cada semente tem em si a sua essência e o poder de multiplicação segundo a sua espécie.

Por isso que o solo é determinante para o tipo de colheita que teremos.

"Essas pessoas são como árvores que crescem na beira de um riacho; elas dão frutas no tempo certo, e as suas folhas não murcham. Assim também tudo o que essas pessoas fazem dá certo. O mesmo não acontece com os maus; eles são como a palha que o vento leva" (Salmo 1:34).

Você estabelece o tamanho de sua colheita quando semeia a sua semente.

"[...] *Aquele que semeia pouco, pouco também ceifará; e aquele que semeia em abundância, em abundância também ceifará*" (2 Coríntios 9:6).

Decida semear sempre.

Você deve semear sua semente em boa terra.

"Mas outra caiu em boa terra, e dava fruto, um a cem, outro a sessenta e outro a trinta por um" (Mateus 13:8).

Por isso, sua tarefa é regar o solo e limpá-lo, removendo as pedras e tudo que compete com o projeto de Deus para sua vida. E, no tempo certo, a colheita será abundante se você não esmorecer.

Portanto, semeie boas sementes. Regue-as e cultive-as com dedicação. Todo solo que for regado e cultivado gerará uma colheita.

Você sempre precisa esperar por um período de tempo entre plantar e colher.

"[...] como se um homem lançasse semente à terra, e dormisse e se levantasse de noite e de dia, e a semente brotasse e crescesse" (Marcos 4:26-27).

Uma árvore não nasce no dia em que a semente é semeada, como um líder não nasce sem antes passar pelo processo de crescimento e treinamento.

Há o tempo da semeadura e da colheita!

BOAS SEMENTES, GRANDE COLHEITA

Ouvi uma história interessante sobre um agricultor que ano após ano tinha uma grande colheita. E, em anos seguidos, ele ganhava o lindo troféu "Milho Gigante" da feira da agricultura do seu município. Ele apresentava o fruto de sua colheita na feira e saía com a faixa azul recobrindo seu peito. E o seu milho era cada vez melhor. Um repórter de jornal, certa vez, ao abordá-lo após a já tradicional colocação da faixa, ficou boquiaberto com a informação dada pelo agricultor entrevistado sobre como cultivava seu qualificado e valioso produto.

O agricultor contou ao repórter que descobriu que deveria compartilhar a semente do seu milho gigante com os vizinhos. "Como pode o senhor dispor-se a compartilhar sua melhor semente com seus vizinhos quando eles estão competindo com o seu em cada ano?", indagou o repórter.

O agricultor lhe disse: "Eu descobri que o vento leva o pólen do milho maduro de campo para campo. Se meus vizinhos cultivam milho inferior, a polinização degradará continuamente a qualidade do meu milho. Se eu quiser cultivar milho bom para ter grande colheita, eu tenho que ajudar meus vizinhos a cultivar milho bom".

Esse agricultor aprendeu sobre a conexão da vida. O bem que você faz aos outros volta para você.

As sementes que você planta retornarão para a sua vida multiplicadamente.

O milho dele não poderia melhorar, se o milho do vizinho também não tivesse a qualidade aumentada. Assim é também em outras dimensões da nossa vida.

Se você quer permanecer de pé, levante os caídos. Quer viver em liberdade, liberte os "cativos". Se você escolheu estar em paz, deverá fazer com que seus vizinhos estejam em paz. Se você quer viver bem, ajude os outros para que vivam bem. E, se você quer ser plenamente feliz, ajude os outros a encontrar a felicidade, pois o bem-estar de cada um está ligado ao bem-estar de todos.

GERMINANDO SECRETAMENTE

A semente germinando secretamente! Esse é o enunciado da parábola. No capítulo 4, Marcos registra:

1. A parábola do semeador;

2. A parábola da semente germinando secretamente.

"Ele prosseguiu dizendo: 'O Reino de Deus é semelhante a um homem que lança a semente sobre a terra'" (Marcos 4:26).

O que aprendemos com essa parábola?

A parábola do semeador tem uma relação muito próxima com a parábola da semente germinando secretamente.

A parábola do semeador destaca a responsabilidade humana, isto é, a semente que cresceu e deu fruto foi aquela que caiu em um solo bom.

Já a parábola da semente germinando secretamente enfatiza a soberania de Deus.

A sua responsabilidade é PLANTAR!

Você jamais vai determinar o crescimento, você deve somente plantar. A responsabilidade de Deus é dar crescimento!

"Pois é Deus quem supre a semente para o que semeia e depois o pão para seu alimento. Da mesma forma, ele proverá e multiplicará sua semente e produzirá por meio de vocês muitos frutos de justiça" (2 Coríntios 9:10).

A soberania de Deus é que ELE DÁ sementes para quem SEMEIA!

Não dá semente para alguém porque é filho.

Não dá para quem canta afinado, não dá pra quem conhece a Bíblia!

Não dá semente porque alguém se diz privilegiado, iluminado...

Ele dá semente a quem planta!

Você sempre receberá PÃO (provisão), que significa ter suas necessidades atendidas! Há um Deus da provisão (rumo à terra prometida, o povo jamais teve falta de pão porque todos os dias eles recebiam o maná: porção diária!).

Deus lhe dará SEMENTES (multiplicação), que ilustram a vida em abundância de Deus! Significam viver com fartura!

Deus SÓ DÁ SEMENTE AO QUE SEMEIA!

Quanto mais você semeia, mais semente você recebe!

Quanto mais você investe, mais você recebe!

A MAIORIA das parábolas nos falam de um processo: plantio, germinação, amadurecimento e colheita.

O que você está fazendo com o que Deus tem lhe dado?

O NECESSÁRIO

Você já descobriu a semente que Deus colocou dentro de você?

Dessa forma, quero lhe apresentar três passos para que você possa obter a resposta à minha pergunta, que são:

1. DESCOBRIR A SEMENTE

2. DESENVOLVER A SEMENTE

3. ENVIAR A SEMENTE

Cada ser humano é como uma árvore que tem em si as sementes da frutificação e da multiplicação. Elas estão a você, descubra-as. Lembre-se da história da estátua do Rei Davi feita por Michelangelo.

Imagine um pássaro que não voa, é um pássaro que não descobriu a semente que Deus lhe deu. Ele tem asas, mas nunca descobriu para que elas servem. Ele anda porque não sabe que foi dotado do poder de voar.

A semente é o começo do que Deus vai fazer. Esse é o motivo por que a semente não pode ficar como semente.

Depois de descobrir as sementes, você deverá se dedicar para plantar e cuidar o seu desenvolvimento: é aí que nasce o líder.

Então, você tem uma jornada a seguir, um caminho a trilhar. Levante a cabeça, e Deus irá lhe abençoar em: descobrir as suas sementes, semeá-las e cuidar de seu desenvolvimento.

ENCONTRANDO ABRIGO E SOMBRA

Quando você encontra alguém e você se sente bem em estar com essa pessoa, pela maneira que ela fala, pensa, age e a visão que ela tem da vida, do futuro e de Deus, é como a árvore que produz sombra, é benção em tempos difíceis.

Conversei uma vez com uma senhora viúva: ela viveu 35 anos casada e o esposo morreu de câncer. Após isso, ela se casou de novo e o marido a abandonou e a deixou com uma dívida enorme. Quando eu conversei com ela, disse-me que a vida dela havia acabado, porque ela havia perdido os dois esposos, estava doente, tinha batido o carro e estava devendo dezena de milhares para o banco. Ela só falava de derrota, não se arrumava mais e estava morrendo.

Nas cinco vezes que eu conversei com aquela senhora, ela disse que havia entendido que não era aquilo que ela pensava de si mesma e afirmou para mim que ainda iria viver uma vida abençoada e feliz!

Quando você encontra uma árvore que dá alimento e sombra, a visão da vida muda.

Se você ainda não pôde abençoar outros, saiba que alguém que é capaz de te abençoar está por perto de você.

TODOS TÊM SEMENTES

Antes de refletir com você sobre o processo do desenvolvimento da semente, para que a árvore que está nela possa surgir — e isso fala de maneira figurada sobre o processo para que o líder que está dentro de cada um de nós possa nascer —, quero motivar você a abrir sua mente e coração para o que Jesus fala sobre o propósito das sementes nos homens.

"Nisto é glorificado meu Pai, em que deis muito fruto; e assim vos tornareis meus discípulos" (João 15:8).

Somente uma árvore saudável e que está em boa terra tem o potencial para dar muito fruto!

Você foi designado para dar frutos. Você tem o potencial para gerar multiplicação, suprimento...

"Não fostes vós que me escolhestes a mim; pelo contrário, eu vos escolhi a vós outros e vos designei para que vades e deis fruto, e o vosso fruto permaneça; a fim de que tudo quanto pedirdes ao Pai em meu nome, ele vo-lo conceda" (João 15:16).

ENTENDENDO O DESÍGNIO

O Criador colocou inúmeras sementes dentro de cada ser humano. O homem é o único ser que tem o potencial de se desenvolver intelectualmente, espiritualmente... é o único ser religioso, político e capaz de inventar coisas extraordinárias, é capaz de sonhar, de ter foco, de alcançar metas, enfim, é capaz de plantar, colher e desfrutar. As demais espécies lutam pela sobrevivência.

Você não deve deixar que as sementes morram dentro de você.

O propósito de toda a semente não é continuar semente, mas frutificar e multiplicar.

Sementes existem para isso. FRUTIFICAR!

A pobreza não é falta de dinheiro — é falta de produtividade. A maneira de vencer a pobreza é produtividade. Ninguém é pobre por falta de dinheiro. É pobre por falta de produtividade.

Se você não produz fruto, você é uma pessoa pobre.

Você não é um pobre porque não tem dinheiro, você é pobre porque você não tem fruto.

Por isso, você deve estar consciente de qual é o seu desígnio, quais são as sementes que Deus lhe conferiu e agir!

A SEMENTE SÓ PRODUZ SE SAIR DA TUA MÃO!

O processo é imperceptível, mas é também inevitável!

O plantar é humano, o crescimento é DIVINO!

A promessa de Deus para nós é: ver. "Estou plenamente certo de que aquele que começou boa obra em vós há de completá-la até ao Dia de Cristo Jesus" (Filipenses 1:6).

Se fizermos a nossa parte, certamente o processo irá acontecer e a colheita virá.

O plantar é natural, porém o crescimento é sobrenatural...

Em todas as áreas de sua vida, o resultado virá à medida que você plantar.

Como os lavradores, precisamos ter paciência: "Sede, pois, irmãos, pacientes, até a vinda do Senhor. Eis que o lavrador aguarda com paciência o precioso fruto da terra, até receber as primeiras e as últimas chuvas" (Tiago 5:7).

É Deus quem determina o tempo da colheita: "Mas a respeito daquele dia e hora ninguém sabe, nem os anjos dos céus, nem o Filho, senão o Pai" (Mateus 24:36).

É NECESSÁRIO que você plante PARA QUE O CRESCIMENTO ACONTEÇA!

"A terra por si própria produz o grão: primeiro o talo, depois a espiga e, então, o grão cheio na espiga" (Marcos 4:28).

Vamos refletir nessa passagem, saliento alguns pontos:

1º) Perceba a expressão "porque a terra por si mesma frutifica".

Essa declaração, no original, literalmente se traduz como "automaticamente", isto é, ela ocorre sem nenhuma influência externa.

"Eu plantei, Apolo regou; mas o crescimento veio de Deus" (1 Coríntios 3:6).

A terra, por si mesma, frutifica, pois é Deus quem dá o crescimento.

Existe uma lógica no processo até chegar ao crescimento...

2º) A parábola da semente germinando secretamente ensina que Deus dá o crescimento e sabe o tempo de colher.

Apenas semeie!

"*O agricultor que espera condições de tempo perfeitas nunca semeia; se ele fica observando cada nuvem, não colhe*" (Eclesiastes 11:4).

Plante a semente: quem espera condições perfeitas nunca plantará e quem nunca planta nunca colherá!

Quando uma semente é plantada, ela germina, cresce, amadurece, produz frutos e, se não for colhida no tempo certo, acaba morrendo.

A certeza do fim como prometido por Deus:

"*Logo que o grão fica maduro, o homem lhe passa a foice, porque chegou a colheita*" (Marcos 4:29).

"*Lembrem-se: quem lança apenas algumas sementes obtém uma colheita pequena, mas quem semeia com fartura obtém uma colheita farta.*" (2 Coríntios 9:6).

Você pode, a partir de agora, começar a plantar em abundância para que seu projeto de vida seja de grande fartura!

A colheita é uma figura emprestada do profeta Joel, conforme podemos ler: "*Lançai a foice, porque está madura a seara; vinde, pisai, porque o lagar está cheio, os seus compartimentos transbordam, porquanto a sua malícia é grande*" (Joel 3:13).

Existe um tempo entre a semente e a colheita, sendo que o único detalhe que você deve entender é o seu papel nessa tarefa!

A semente só produz se sair da sua mão.

LIMPOS PARA DAR FRUTOS

No texto de João 15:1-11, Jesus relata sobre a videira e o agricultor, em que aquele que semeia espera colher, mas a colheita só virá quando há empenho, comprometimento por aquele que almeja colher. Jesus diz: "Eu sou a Videira verdadeira e meu Pai é o agricultor. Eu sou a videira e vós os ramos".

O viticultor é o que planta a vinha, ele é o dono da vinha, ele é o que cuida da vinha para que ela produza grande quantidade e com excelente qualidade.

As duas finalidades dos ramos: eles só servem para produzir fruto ou para serem queimados.

Deus, como viticultor, espera frutos de nós.

Nessa parábola, Jesus falou de quatro tipos de ramos:

1. NENHUM FRUTO;

2. FRUTO;

3. MAIS FRUTO;

4. e MUITO FRUTO.

Ele fala de nossa vida que deve ser frutífera.

Será que é importante produzir frutos?

Jesus diz: "Eu vos escolhi a vós outros, e vos designei para que vades e deis frutos, e o vosso fruto permaneça" (João 15:16).

Uma vida frutífera é o propósito de nossa existência.

Quando não há fruto, o que acontece?

Sem nenhum fruto, Deus intervém para disciplinar.

Quantos sentem-se fracassados e vivem com pouco ou nenhum significado eterno e não sabem o porquê?

Você se sente assim?

Essa é a pessoa retratada pelo galho estéril e a cesta vazia.

Sua conexão com Cristo é apenas aparente.

Eles têm o nome de que vivem, mas estão mortos. Onde não há fruto, não há vida.

Sendo assim, convido-te a refletir sobre isto pare um pouco a sua rotina, dedique um tempo de qualidade para orar a Deus e pedir que Ele lhe mostre em qual tipo de ramo você se enquadra.

FOLHAS OU FRUTOS

"De manhã cedo, quando voltava para a cidade, Jesus teve fome. Vendo uma figueira à beira do caminho, aproximou-se dela, mas nada encontrou, a não ser folhas. Então lhe disse: Nunca mais dê frutos! Imediatamente a árvore secou. Ao verem isso, os discípulos ficaram espantados e perguntaram: Como a figueira secou tão depressa? Jesus respondeu: Eu lhes asseguro que, se vocês tiverem fé e não duvidarem, poderão fazer não somente o que foi feito à figueira, mas também dizer a este monte: Levante-se e atire-se no mar, e assim será feito. E tudo o que pedirem em oração, se crerem, vocês receberão" (Mateus 21:18-22).

Antes de ouvirmos Sua resposta, vamos a algumas lições preciosas nessa situação.

Ressalto esta parte do trecho acima: "Ao verem, os discípulos ficaram espantados e perguntaram: Como a figueira secou tão depressa?".

Como já vimos em textos anteriores, somos árvores. Existem árvores que são frutíferas e outras não. Espera-se das árvores frutíferas que elas deem frutos.

Imagine-se como uma figueira. Você está à beira do caminho. Olham de longe para você. Cheia de folhas. Numa terra deserta como é aquela região, você é admirada. De longe, acham você linda. Mas há algo mais que esperam encontrar. Frutos. Não há como certificarem-se ao menos que se aproximem.

Então, o Senhor Jesus se aproxima de você e percebe que há apenas folhas. Como uma maquiagem bem feita, porém, apenas maquiagem. Ele procura. Não há um fruto sequer.

Uma árvore frutífera sem frutos? As pessoas chegam até você. Estão esfomeadas. Só encontram folhas. O que houve com seus frutos? Por que você não frutificou?

"Toda árvore que não dá fruto é cortada e lançada ao fogo. A que dá fruto, porém, é podada, para que possa dar mais fruto ainda" (Mateus 7:19).

Somos árvores. Precisamos produzir frutos. Precisamos ser reconhecidos pelos nossos frutos. Nossas raízes devem ser profundas para que produzamos alimento. O Senhor sempre irá aproximar-se para ver se há frutos em nós ou apenas folhas.

Em outras palavras:

PARA DAR MUITO FRUTO, O PAI LIMPA.

SE SUA VIDA ESTIVER PRODUZINDO MUITO FRUTO, DEUS O CONVIDARÁ PARA PERMANECER MAIS PROFUNDAMENTE NELE.

O SEGREDO DAS RAÍZES

Muitos têm falhado e até gostam da Palavra, gostam da igreja, ouvem sermões, querem os ministérios, MAS NÃO SÃO ÁRVORES PLANTADAS, ou seja, não têm raízes e caem facilmente para o desânimo e acabam virando lenha, destruídos emocionalmente, destruído espiritualmente.

Se você quer ser uma árvore frutífera, crie raízes, não se mova, seja um cristão de convicção e, se a tempestade bater a sua porta, aconteça o que acontecer, você continuará firme como uma árvore plantada que dá frutos no tempo certo e tudo o que faz prospera.

Como saber se somos uma árvore ou somos madeira?

Se você é uma pessoa que caminha desencorajada, sentindo-se destruída e sem força, você está no caminho para virar lenha. Porém, Deus pode fazer algo grande, transformar você em sarça ardente!

"E apareceu-lhe o Anjo do Senhor em uma chama de fogo, no meio de uma sarça; e olhou, e eis que a sarça ardia no fogo, e a sarça não se consumia" (Êxodo 3:2).

Portanto, reflita como está a sua vida com Jesus Cristo e assim poderá concluir se você é como uma árvore ou como madeira.

ÁRVORE FRUTÍFERA

"Toda vara em mim que não dá fruto, ele a corta; e toda vara que dá fruto, ele a limpa, para que dê mais fruto. Eu sou a videira; vós sois as varas. Quem permanece em mim e eu nele, esse dá muito fruto; porque sem mim nada podeis fazer. Quem não permanece em mim é lançado fora, como a vara, e seca; tais varas são recolhidas, lançadas no fogo e queimadas" (Jó 15:2,5-6).

Uma árvore saudável é frutífera e, quando ela é forte, supera tempos difíceis e produz, porque sua força supera todas as adversidades.

Somos essa árvore. Fomos chamados a dar frutos diante de qualquer situação. Isso é um sinal de que estamos preparados para os tempos difíceis que fazem parte das estações da vida.

Existem quatro estações: primavera, verão, outono e inverno. Todas elas têm um tipo de clima definido, mas isso não impede que na primavera alguns vivam tempos de inverno ou que no verão se instale alguma frente fria.

A Bíblia diz que o inverno é como se trevas envolvessem nossas vidas. Você sabia que há lugares do nosso planeta que ficam até seis meses sem luz durante o inverno?

O inverno pode ser cruel, quando ele chega, traz consigo grandes dificuldades. Se o inverno for rigoroso, é fácil perder a noção do tempo, porque há um recolhimento, é quando tudo fica cinzento, a neblina pode roubar o senso de direção. É só lembrar que, quando o Senhor feriu o Egito, as trevas eram tão intensas que ninguém conseguiu sair do lugar por três dias. Em meio às trevas, não conseguimos enxergar o óbvio, o que está à nossa frente.

O profeta Jeremias fala de fruto, coração novo, conquista e libertação. Porém, ele estava num território estranho, vivendo um deserto, sendo ferido em seu coração, em uma região e situação onde não havia probabilidades humanas de frutificar. Sofrendo dor profunda, decidiu viver por fé e se apegou à visão do galho da amendoeira, que lhe trazia a promessa de que, independentemente das circunstâncias, frutificaria. "E a palavra do Senhor veio a mim: O que você vê, Jeremias? Vejo o ramo de uma amendoeira, respondi. O Senhor me disse: Você viu bem, pois estou vigiando para que a minha palavra se cumpra" (Jeremias 1:11-12).

Jeremias não negou o fruto, pelo contrário, nada contribuía para a sua frutificação, era assolado e envergonhado, mas creu, não duvidou e viu a maldição sendo convertida em bênção. Sempre será honrado quem decide não desistir de frutificar.

A amendoeira é uma árvore que não receia quando vem o tempo mau. Se o tempo está bom, ela frutifica; se o tempo está mau, ela frutifica.

Temos a força da frutificação e ninguém poderá nos impedir de dar fruto. Você é como a amendoeira que não deixa de dar fruto em sua estação. Seja qual for o momento crítico que você esteja enfrentando, nós nascemos com um decreto: o nosso destino é a frutificação.

Quanto mais fruto você der, mais você vai inibir o inferno e glorificar os céus, mostrando testemunho diante do Pai, que lhe dirá: você passou por todas as provas, mas não deixou de dar o fruto da fé, porque não se entregou às dificuldades. É como se você fosse um guerreiro que estabelece vingança contra tudo o que está vindo em direção à sua vida.

A Bíblia mostra que, quando dizemos sim para Deus diante das situações difíceis, temos tudo para prosperar. Porque o sim de

Deus supera qualquer não do inimigo para nossas vidas. Tudo o que precisamos entender é onde está a nossa motivação, quem está falando conosco, quem é o Deus que está sobre nós. E, quando temos convicção, as situações adversas se resolvem, sejam elas de ordem familiar, pessoal, financeira... Deus pleiteia a nossa causa e estabelece morte para o inferno para que viva o Reino de Deus. Então, ouviremos do nosso Pai: "[...] servo fiel, sobre o pouco foste fiel, sobre o muito Eu te colocarei [...]" (Mateus 25:23).

Jeremias diz que o homem que tem a sua esperança no Senhor é como a árvore, que vive as situações de calor e sequidão, mas não receia. Não recear é não deixar de crer mesmo quando a situação está crítica.

Mesmo que venha o calor, você não deixará de dar fruto, porque o Senhor o curou e você poderá dizer: situação alguma me impedirá de frutificar; eu sou frutífero.

O diabo não vai lançar o inverno sobre a sua vida, porque o Senhor diz que no tempo difícil, no tempo frio, a árvore do Senhor é frutífera. E, em todo tempo, você será feliz, porque a sua confiança não estará em um homem, mas no nome do Senhor que fez os céus e a terra.

"Bem-aventurado o homem que não anda segundo o conselho dos ímpios, nem se detém no caminho dos pecadores, nem se assenta na roda dos escarnecedores" (Salmo 1:1).

A palavra bem-aventurado significa mais que feliz, felicíssimo, alguém que é alegre.

É felicíssimo quem cresceu, amadureceu e se tornou capaz de transformar problemas em aprendizado. Maus conselhos têm causado tantos danos na vida de boas pessoas. Alguém disse: "não é porque conselhos são de graça que você precisa aceitá-los".

"O que você diz pode salvar ou destruir uma vida; portanto, use bem as suas palavras e você será recompensado. Uma palavra, um conselho pode dar ou tirar a vida!" (Provérbios 18:21).

Um conselho pode construir ou destruir, pode trazer bênção ou maldição! O texto citado diz: feliz é a pessoa que não anda segundo conselhos dos ímpios!

Por isso, permaneça fiel a Jesus, não se desvie para que possas se tornar uma árvore frutífera.

A MALDIÇÃO DAS APARÊNCIAS

Na passagem de capítulo anterior: "Certa feita, Jesus estava indo para Jerusalém e teve fome. Ele olhou para uma figueira e viu muitas folhas. Ele foi procurar fruto e não encontrou nenhum". Aquela figueira anunciava fruto, mas não tinha fruto. Então, Jesus fê-la secar. Ela nunca mais produziu fruto algum. Fruto é o que toda a árvore saudável deve produzir, é o que se espera de nós, e não folhas. Viver de aparência é um grande engano, porque traz em si maldição para a árvore.

Não se contente com aparência, mas dê frutos.

Por qual dessas árvores a sua vida está representada?

Você está à beira do caminho como uma árvore suja de poeira e de lama, sem luz, sem força, sem fruto, ou você está produzindo algum fruto, mais fruto ou muito fruto?

Não se desespere, se Deus está trabalhando em sua vida: disciplinando ou podando você.

A coisa mais importante é você estar vivendo o processo da vida plena e abundante, cheio de vida, de alegria... Estar com Cristo é mais importante do que trabalhar para Cristo. Maria escolheu a melhor parte. Ela se posicionou aos pés de Jesus. Por isso, ela frutificou!

Escreva nas linhas abaixo o que mais tocou no seu coração, qual a mensagem que os capítulos anteriores lhe transmitiram.

_____
_____
_____
_____
_____
_____
_____
_____
_____
_____
_____
_____
_____
_____
_____
_____
_____
_____
_____
_____
_____
_____
_____

ESTAÇÕES DA VIDA: O PROCESSO

Quando você entende que a vida é uma sequência de fatos semanais, mensais, de estações que dependem muito do teu crescimento para que você seja a pessoa que você nasceu para ser; assim a sua vida será abençoada.

O segredo da semente, você como árvore, significa que você deve ser protagonista na sua vida, pois assim você estará fazendo jus às sementes que Deus colocou dentro de você, em outras palavras, você estará liderando em tudo.

A cada sete horas o mundo muda, as coisas estão mudando de uma forma incrível e a vida do ser humano muda a cada sete anos em um nível bem distinto. Uma criança de 0 a 7 anos tem uma mentalidade, quando ele completa 7 anos aos 14 é outra maneira de pensar, dos 14 aos 20 e um ela passa da adolescência para ser um jovem, muda totalmente; dos 21 aos 28 se aproxima da maturidade, ela está no caminho da maturidade e assim a vida vai mudando...

Mas há um outro segredo que poucas pessoas perceberam e entenderam, que é sobre as estações da vida, as fases que você enfrenta. As fases por que você passa têm um propósito para que você seja aperfeiçoado, para que você cresça, amadureça e possa chegar a ser a pessoa que você nasceu para ser.

"Os justos florescerão como a palmeira, crescerão como cedro no Líbano, plantados na casa do senhor florescerão nos átrios do nosso Deus, mesmo na velhice darão frutos, permanecerão viçosos e verdejantes, para proclamar que o senhor é justo. Ele é a minha rocha; nele não há injustiça" (Salmos 92:12-15).

Mais uma comparação bíblica do homem e da mulher como árvore; essa passagem diz que os justos serão pessoas fortes, porque são como o cedro do Líbano que está plantado na casa e no propósito de Deus.

Uma árvore não nasce uma árvore, mas ela é plantada! Por isso, o reino de Deus é como uma semente. E, quando a semente germina, começa a desenvolver-se dentro de um processo interessante pelo tempo por meio de estações.

Jesus falou de estações: "Agora aprendam a lição da figueira. Quando os ramos surgem e as folhas começam a brotar, vocês sabem que o verão está próximo" (Mateus 24:32).

Quando as folhas da figueira começam a brotar, qual é a estação que está chegando? O verão!

Um ano normal tem 365 dias e quatro estações: inverno, primavera, verão e outono.

Para cada semente, existe um tempo para ser plantada, um tempo para ela nascer e um tempo para ela germinar, crescer e se desenvolver e nesse processo as estações do ano são fundamentais.

Eu quero compartilhar com você acontecimentos da sua vida, porque como as plantas precisam passar por esse processo e enfrentar as estações, assim acontece com a vida do homem: cada estação na nossa vida tem um propósito.

Aperfeiçoar-nos, lapidar-nos, para que cresçamos, desenvolvamo-nos, cheguemos à maturidade, cheguemos ao propósito da nossa existência para que cada um descubra o seu desígnio.

A semente de trigo pode ser parecida com a semente de feno, porém há uma grande diferença entre ambas, uma tem vida e a outra somente palha.

Assim também há diferença entre uma árvore plantada junto às águas e uma árvore plantada no deserto. Entre uma árvore cheia de vida e uma árvore seca.

Se alguém lhe fizer esta pergunta: "você é uma árvore frutífera, cheia de vida ou uma árvore seca?", o que você responderia?

O INVERNO

Você gosta do frio?

Muitos não ficam confortáveis na estação fria, porque o inverno pode ser inaplicável para os seres vivos, plantas, animais, seres humanos — todos acabam sofrendo com o frio. Porém, a estação fria é extremamente necessária para o seu desenvolvimento.

Quão grande diferença uma estação faz na natureza, por exemplo, nem todos gostam do inverno, porque o inverno é um tempo mais difícil quando tudo fica cinzento; no inverno, as árvores perdem as folhas, ficam feias, a grama seca e para de crescer... As plantas entram em uma espécie de dormência, nenhuma árvore cresce e você não planta uma árvore no inverno.

É comum durante o inverno você passar por uma paisagem, olhar e ver as árvores sem folhas. O inverno aparentemente é cruel e duro, mas ele é necessário.

No inverno, muitos insetos e pragas morrem, porque o inverno é um tempo rigoroso, mas fundamental para cada árvore ou planta.

Você sabia que no inverno as árvores que perdem as folhas e ficam feias conservam só o necessário, para que, quando chegar a primavera, elas possam florescer e depois dar os frutos? Elas conservam a força na raiz, nos troncos e nos galhos; das folhas elas se desfazem, elas suportam o rigor do inverno porque sabem que na primavera vão florescer.

Você e eu passaremos por invernos em nossa vida e, quando você lê na Bíblia que o justo é como cedro no Líbano, quando você vê que Deus compara o homem com uma árvore plantada junto às correntes de água, quando você lê no Evangelho que está escrito que Deus é o agricultor e toda árvore que dá fruto Ele limpa para que dê mais fruto ainda e aquela que não dá frutos o Pai corta, você vai descobrir que passará por estações também e o inverno na nossa vida pode ser um tempo de prova, um tempo difícil, tempo que nos confronta, o tempo em que você não vê fruto, o tempo em que você não vê beleza na vida, aquele tempo em que você não vê flores, não consegue sonhar e nem ter uma visão clara do futuro.

Esses são os invernos por que nós passamos, mas é nesses invernos que Deus nos trata e que Deus nos aperfeiçoa. É no inverno que conhecemos a nossa limitação, é quando você conhece quem é e vê que precisa superar obstáculos, esforçar-se, decidir com coragem, sem jamais desistir ou reclamar, porque a árvore que não suporta o inverno morre e perde o propósito da sua existência — será cortada e queimada.

Se você passa por um inverno hoje, não desista e não reclame, porque você vai sair mais forte do inverno. Deus tem um plano para você, e são as estações da vida, mas todo inverno passa e depois do inverno vem a primavera!

A PRIMAVERA

A primavera é um tempo lindo, quando a natureza muda totalmente. Você vê muitas cores, muitas flores e perfumes. A primavera é uma estação que propicia a reprodução, o começo da multiplicação, é algo que traz vida, otimismo e ânimo.

É na primavera que você olha que aquela planta que estava feia de repente floresce. Ela traz um símbolo de esperança, de um novo ciclo, um novo começo.

Se você está passando pela primavera, esse é o tempo de sonhar, é o tempo de você criar expectativa a respeito do seu trabalho, seus sonhos, alvos. Esse é o tempo de estar motivado, de se encher de força, porque você sabe que vai chegar ao seu destino.

Esse é o momento da primavera, quando você sai do inverno, que é aquele tempo em que você fica lá dentro da tenda, assim como Abraão que estava vivendo o inverno dentro da tenda. Para ele, chegou a primavera quando Deus disse: "Levando-o para fora da tenda, disse-lhe: Olhe para o céu e conte as estrelas, se é que pode contá-las. E prosseguiu: Assim será a sua descendência" (Gênesis 15:5).

Assim chegou a primavera na vida de Abraão. Ele pôde ter uma visão do futuro, ideias e projetos novos e viver um casamento mais feliz e abençoado.

A primavera é você sair do comum e descobrir o seu propósito e potencial, ter sonhos, ir um pouco mais além.

A primavera é uma estação linda e, se você está vivendo a primavera hoje, aproveite porque Deus é um Deus que torna sonhos realidade e ele vai o abençoar. E, quando passar a primavera, é interessante que vem o verão.

O VERÃO

O verão é muito importante. O verão é o tempo das chuvas, em que as árvores ficam mais verdes e fortes e surgem os pequenos frutos. No verão, chove bastante, os dias são mais longos e as noites mais curtas, o sol tem mais força na terra e há o tempo das chuvas torrenciais, quando nuvens negras tomam conta do ar e descem torrencialmente. Mas essa estação é fundamental pra irrigar a terra e para dar vida às árvores para que os frutos nasçam.

Quando chegar o verão na sua vida, saiba que Deus tem chuva de bênção para você e saiba que é tempo de você cuidar dos frutos. Os frutos precisam ser cuidados porque são pequenos.

Quantos frutos você já perdeu por não cuidar deles?

Não perca os frutos que Deus tem te dado. Quando você não cuida dos seus frutos, discípulos, do seu trabalho logo eles se perdem.

Coloque o seu coração no que você faz, faça com excelência, atenda os seus clientes com excelência, com o coração. Prepare o ambiente, pois a primeira impressão é aquela que fica. Seja diferenciado, cuide do fruto, porque o verão é tempo de cuidar do fruto.

Seja fiel no pouco e sobre o muito Ele vai lhe colocar. Cuide do fruto, a estação do verão é o tempo de chuva, é o tempo de receber vida, é o tempo de produzir frutos, é o tempo de cuidar.

O OUTONO

Depois do verão, chega o outono. Essa mudança de estação é bem interessante, porque o outono é um tempo lindo, quando as folhas avermelhadas caem, os frutos maduros devem ser colhidos e o tempo fica mais fresquinho e mais gostoso.

No outono, o dia é mais curto e as chuvas são mais leves. No entardecer, é gostoso poder descansar contemplando um lindo pôr do sol.

No outono, os jardins e parques ficam cobertos de folhas coloridas e de todos os tamanhos. É um processo natural. Isso ocorre por conta da estratégia de sobrevivência das plantas. Ao perderem as folhas, elas podem poupar energia e se proteger do inverno que se aproxima.

O outono é o tempo de colher os frutos. Passamos por várias estações, mas quando chegamos ao outono, sabemos que é tempo de colher aquilo que plantamos.

Por isso que Deus criou as estações do ano, pois esse processo de alternância de clima é fundamental para a vida dos seres vivos.

A natureza não se desenvolveria sem os benefícios de cada estação climática.

Você quer se desenvolver para chegar à maturidade e liderar em tudo?

Entenda que as estações da vida chegarão e todas elas trarão consigo seus benefícios.

Você está pronto?

Elas chegarão, com certeza!

A ÁRVORE E SUAS ESTAÇÕES

Conta-se que um homem tinha quatro filhos. Ele queria que seus filhos aprendessem a não julgar as coisas de modo apressado, por isso ele mandou cada um em uma viagem, para observar uma pereira que estava plantada em um distante local.

O primeiro filho foi lá no inverno, o segundo, na primavera, o terceiro, no verão e o quarto e mais jovem, no outono.

Quando todos eles retornaram, o homem os reuniu e pediu que cada um descrevesse o que tinha visto.

O primeiro filho disse que a árvore era feia, torta e retorcida.

O segundo filho disse que não, que ela era recoberta de botões verdes e cheia de promessas.

O terceiro filho discordou: disse que ela estava coberta de flores, que tinham um cheiro tão doce e eram tão bonitas que ele arriscaria dizer que eram a coisa mais graciosa. Ele jamais tinha visto aquilo.

O último filho discordou de todos eles: ele disse que a árvore estava carregada e arqueada, cheia de frutas, vida e promessas...

Aquele pai reuniu seus quatro filhos e então explicou a eles que todos eles estavam certos, porque eles haviam visto apenas uma estação da vida da árvore...

A grande lição é que não se pode julgar uma árvore ou uma pessoa por apenas uma estação e que a essência de quem eles são e o prazer, a alegria e o amor que vêm daquela vida podem apenas ser medidos ao final, quando todas as estações estiverem completas.

O ensinamento que tiramos é que nunca devemos julgar uma pessoa pela estação que ela está vivendo. Não julgue a sua vida pela estação que você está vivendo, cada estação é fundamental e importante.

Haverá um momento de prova (o inverno), um momento de sonhos e expectativas (a primavera), existirá um momento em que você começará a ver os frutos e visualizar a colheita, em que você começará a ver que o resultado do seu trabalho está aparecendo (o verão), e vai chegar o outono, o tempo de colher o que você plantou.

Se você desistir quando for inverno, você perderá a promessa da primavera, a beleza do verão, a expectativa do outono.

Não permita que a dor de uma estação destrua a alegria de todas as outras. Não julgue a vida apenas por uma estação difícil.

Persevere pelos caminhos difíceis e melhores tempos certamente virão!

REFLEXÃO

Agora, reflita: em que estação você está? Você está cumprindo os desígnios de Deus para a sua vida? Como estão os teus frutos? Escreva aqui para que você possa visualizar os teus pensamentos.

_____
_____
_____
_____
_____
_____
_____
_____
_____
_____
_____
_____
_____
_____
_____
_____
_____
_____

A SEMENTE E O REINO

O despertar da semente é necessário para que se estabeleça o Reino de Deus no coração das pessoas.

Jesus nos ensina sobre o princípio do Reino, que é o começo de tudo. No momento que percebemos a transformação, o despertar da semente dentro de nós, descobrimos o nosso desígnio. Tudo isso está na semente do reino que é como um grão de mostarda.

"Naquele tempo, Jesus disse à multidão: O Reino de Deus é como quando alguém espalha a semente na terra. Ele vai dormir e acorda, noite e dia, e a semente vai germinando e crescendo, mas ele não sabe como isso acontece. A terra, por si mesma, produz o fruto: primeiro aparecem as folhas, depois vem a espiga e, por fim, os grãos que enchem a espiga. Quando as espigas estão maduras, o homem mete logo a foice, porque o tempo da colheita chegou. E Jesus continuou: Com que mais poderemos comparar o Reino de Deus? Que parábola usaremos para representá-lo? O Reino de Deus é como um grão de mostarda que, ao ser semeado na terra, é a menor de todas as sementes da terra. Quando é semeado, cresce e se torna maior do que todas as hortaliças, e estende ramos tão grandes, que os pássaros do céu podem abrigar-se à sua sombra. Jesus anunciava a Palavra usando muitas parábolas como estas, conforme eles podiam compreender. E só lhes falava por meio de parábolas, mas, quando estava sozinho com os discípulos, explicava tudo" (Marcos 4:26-34).

ANALOGIA DO REINO

O Reino de Deus é comparado ao grão de mostarda.

A semente de mostarda tem cerca de 1,5 milímetros de diâmetro. Ela é extremamente pequena, mas, apesar do seu tamanho, depois de germinada, pode alcançar até três metros de altura.

Jesus ilustra aqui o potencial do reino de Deus em nossa vida. "No monte alto de Israel o plantarei, e produzirá ramos, e dará fruto, e se fará um cedro excelente; e habitarão debaixo dele aves de toda plumagem, à sombra dos seus ramos habitarão" (Ezequiel 17:23).

O QUE É O REINO DE DEUS?

O reino de Deus é: Deus reinando nesta terra por meio de nós.

Por quê? Ele é o criador dos céus, da terra, do mar e de tudo o que neles há.

"Ao Senhor pertence a terra e tudo o que nela se contém, o mundo e os que nele habitam" (Salmo 24:1).

Deus é o grande e sábio arquiteto do universo. Tudo o que há na terra, no mar, nos rios, os astros, as riquezas minerais, os animais, as aves são Dele. Cada espécie de peixe que percorre as sendas dos mares e dos rios é de Deus.

Os seres visíveis e invisíveis são de Deus. Os homens de todas as raças e culturas são de Deus. O ouro e a prata pertencem a Deus. Não há um centímetro do universo que não seja Dele. Somos meros administradores do que é confiado a nós!

Ele é quem a todos dá vida, respiração e tudo o mais. Deus está além do universo e não depende Dele, mas também está presente no universo e o sustenta.

Deus é o governador do universo. Ele está assentado num alto e sublime trono e rege os destinos da história, conforme o conselho da Sua vontade. Porque Dele, por meio Dele e para Ele são todas as coisas. A Ele, pois, seja a glória, agora e pelos séculos eternos.

Ele é dono de tudo e tem todo o direito de reinar: "e nos fez reis e sacerdotes para Deus e seu Pai, a ele, glória e poder para todo o sempre. Amém!" (Apocalipse 1:6).

Sim, Ele quer reinar conosco.

A CULTURA DO REINO

Estamos aqui para dar sentido a este mundo tenebroso. Foi por isso que Jesus, ao ensinar como se deve fazer uma oração, disse: "Portanto, vós orareis assim: Pai nosso, que estás nos céus, santificado seja o teu nome; venha o teu reino; faça-se a tua vontade, assim na terra como no céu" (Mateus 6:9-13).

Quando acabou a Segunda Guerra mundial, muitos alemães migraram para outras nações para começarem uma vida nova e, principalmente no sul do Brasil, passaram por grandes dificuldades porque foram proibidos de falar a sua língua materna, a língua alemã. Por que isso aconteceu? Porque temia-se que eles trouxessem a cultura germânica para o Brasil. Hoje sabemos que a Alemanha é uma nação forte e que sua cultura é linda.

No decorrer da história, existiram vários impérios que dominaram o mundo durante os séculos e, quando cada um obtinha o domínio, imediatamente tentavam implantar sua cultura. Foi assim com os babilônicos, com os medos e os persas, com o império grego por meio de Alexandre o Grande; e o Império Romano foi o que deixou a sua maior marca em todo o mundo.

Quando Jesus diz: "Venha o teu reino...", é justamente isso que Ele quis dizer. Deus reinando na terra por meio dos homens que fazem a sua vontade. Numa visão mais ampla, a cultura do reino deve ser implantada na terra.

Viver como um cidadão do reino de Deus significa que você nasce para uma nova vida, é como o despertar da semente. Não se trará somente de frequentar uma igreja e participar de um pequeno grupo, de uma célula, mas, sim, ter a identidade de filho de Deus e viver os ensinamentos de Jesus.

Como as pessoas veem você? O mundo será um lugar melhor se você trouxer a cultura do reino para a Terra, e isso depende de você!

O PEQUENO COMEÇO

Em meio à turbulência do dia a dia, pessoas estão buscando se encontrar. Onde está a reposta? Seria num isolamento para meditação, praticando ioga, simpatias, rezas, mantras... onde encontrar e descobrir "o elo perdido"? Como se conectar a essa força espiritual para que a vida seja completa? Céticos ou crédulos, todos almejam uma vida melhor.

Talvez você queira somente que Deus o abençoe. Você busca resposta imediata porque quer a solução de um problema.

Não existe mágica. Lembre-se de que tudo começa como uma pequena semente que deve ser plantada para germinar, passar pelo processo e alcançar o seu desígnio.

Foi Vincent van Gogh que disse: "Grandes coisas não se fazem por impulso, mas pela junção de uma série de pequenas coisas".

Portanto: "ninguém despreze o dia das coisas pequenas".

"O Reino de Deus é como um grão de mostarda que, ao ser semeado na terra, é a menor de todas as sementes da terra. Quando é semeado, cresce e se torna maior do que todas as hortaliças, e estende ramos tão grandes, que os pássaros do céu podem abrigar-se à sua sombra. Jesus anunciava a Palavra usando muitas parábolas como estas, conforme eles podiam compreender." (Marcos 4:31-33).

Essa parábola descreve como é pequeno e humilde o começo do Reino de Deus dentro de cada um de nós e em nossa vida. Porém nos mostra que seu impacto é grandioso e garantido.

O contrassenso é que tendemos a valorizar o que é imponente, o que é grande, que se destaca e pouco valorizamos as coisas pequenas.

Um fato histórico ocorreu após 539 a.C., quando o rei Ciro II da Pérsia havia ocupado a Babilônia. Na época, um grupo de judeus retornou do cativeiro babilônico para Jerusalém liderados por Zorobabel, que decidiu reconstruir o Templo que estava em ruínas. Porém, o povo estava desmotivado para a construção do novo templo após a volta do cativeiro. Nesse contexto, há uma fala registrada sobre um pequeno começo e sobre o que iria acontecer: "Quem despreza o dia das coisas pequenas? Esses se alegrarão ao verem o prumo na mão de Zorobabel" (Zacarias 4:10).

Aqui, o dia das pequenas coisas se refere ao início da reconstrução do templo destruído em Jerusalém. A reconstrução ficou muito aquém da glória do primeiro templo que foi construído por Salomão. Porém, foi nesse templo mais simples que o Filho de Deus pisou.

Faça uma viagem na história e você verá que grandes realizações foram marcadas por pequenos começos. Não "despreze o dia das coisas pequenas".

Hoje pode ser considerado um dia de pequenos começos para você, mas, se o reino de Deus for plantado em seu coração como uma pequena semente de mostarda, no futuro você irá reinar, com certeza.

Algo que parece pequeno e desprezível se tornará grande e bem-sucedido estando nas mãos de um homem ou de uma mulher que tem o reino de Deus com ele/ela. Nunca despreze os começos humildes ou o dia das coisas pequenas.

O que já se falou das pequenas coisas!

Nos pequenos frascos estão os melhores perfumes.

Nos pequenos começos há um futuro promissor.

Nos pequenos gestos de amor estão os grandes benefícios.

Os grandes rios sempre começam de uma pequena fonte.

Pense e reflita nisso!

COISAS PEQUENAS E INSIGNIFICANTES E O PODER DE DEUS

Uma vara na mão de Moisés (Êxodo 14:16) foi o começo para que o povo tivesse um caminho no mar.

Uma queixada de jumento na mão de Sansão (Juízes 16:15) fez com que ele vencesse seus inimigos.

Um pouco de azeite na botija na mão do profeta (2 Reis 4:4) abençoou a viúva para que ela pagasse sua dívida e não perdesse seus filhos.

Vinte pequenos pães de cevada alimentam 100 homens (2 Reis 4:42-44). Alimento para a multidão.

Uma pequena atirada com uma funda pela mão de Davi (1 Samuel 17:48-49) derrubou o gigante que por 40 dias humilhou o exército de Israel.

Cinco pães e dois peixinhos nas mãos de Jesus alimentam mais de cinco mil pessoas (João 6:9).

Nada que começa grande poderá ser bem-sucedido. Toda fonte é humilde, tudo que é grande hoje começou pequeno, toda construção começa de baixo. As sementes do reino transformam os pequenos em grandes. Jesus é o Alfa (o começo) e o Ômega (o fim). Nele está o começo do reino de Deus, Ele está em nós e também no fim em que o propósito se cumpre.

Ele foi o nosso exemplo, o modelo a ser seguido.

Ele nos mostrou o segredo da semente. O seu nascimento foi humilde, e a sua morte foi humilhante. "Na verdade, na verdade vos digo que, se o grão de trigo, caindo na terra, não morrer, fica ele só; mas se morrer, dá muito fruto" (João 12:24).

Porém, sua ressurreição foi gloriosa e triunfante. O Mestre nos ensinou que a semente que é semeada despertará vitoriosa para cumprir o seu propósito. Ele foi a semente da salvação que morreu e ressurgiu com um nome sobre todos os nomes...

Portanto, não despreze as coisas pequenas, não subestime os pequenos começos. O seu começo poderá ter sido pequeno, mas daqui pra frente será grande ao extremo.

Assim como o crescimento da pequena semente de mostarda, o crescimento do Reino de Deus na terra por meio de nós é certo e não falhará.

Isso foi poderoso com os primeiros cristãos no início da igreja.

Quão impactante foi a vida daqueles primeiros discípulos! Eles tinham em si o poder do reino de Deus e, 40 anos após a Ascensão de Cristo ao céu, eles alcançaram toda a Ásia, grandes centros do Império Romano e chegaram a lugares mais longínquos com a mensagem do Evangelho.

A pequena semente estava germinando em meio a grandes perseguições e tudo indicava que a planta iria morrer. Porém, o reino de Deus em nós se torna poderoso e jamais alguém será capaz de frustrar o desígnio divino. O Império Romano caiu e a planta seguiu crescendo durante os séculos e oferecendo refúgio para homens de todos os povos, línguas e nações. Foi a isso que Jesus se referiu quando falou que as aves do céu iriam encontrar abrigo, refúgio e descanso na grande árvore do Reino de Deus.

"E eu te darei as chaves do reino dos céus; e tudo o que ligares na terra será ligado nos céus, e tudo o que desligares na terra será desligado nos céus" (Mateus 16:19).

JÓ, O HOMEM QUE SUPORTOU AS MAIS SEVERA AFLIÇÕES

Tudo de ruim aconteceu com Jó, mas ele estava plantado de tal forma na fé em Deus que ele disse o seguinte: "Até mesmo uma árvore tem mais esperança, pois, se for cortada, voltará a brotar e dar novos ramos. Ainda que as raízes tenham envelhecido na terra e o tronco esteja podre, com o cheiro da água, voltará a brotar dar ramos, como uma planta nova" (Jó 14:7-9).

Sabe o que ele está dizendo? Que, se tiver tronco cortado, a árvore volta a brotar e surge outra vez; mas, se tiver a raiz arrancada, acabou-se a árvore. Se você não tiver raízes, não terá vida e jamais dará frutos.

"Pois sou como a árvore cujas raízes chegam até a água, cujos ramos são refrescados pelo orvalho. Recebo sempre novas honras, e minha força vive renovada" (Jó 29:19-20).

"E o Senhor virou o cativeiro de Jó, quando orava pelos seus amigos; e o Senhor acrescentou, em dobro, a tudo quanto Jó antes possuía" (Jó 42:10).

AS CHAVES DO REINO

"Do Senhor é a terra e a sua plenitude, o mundo e aqueles que nele habitam. Porque ele a fundou sobre os mares, e a firmou sobre os rios" (Salmos 24:1-2).

"Todas as coisas foram feitas por ele, e sem ele nada do que foi feito se fez" (João 1:3).

"Porque Nele foram criadas todas as coisas que há nos céus e na terra, visíveis e invisíveis, sejam tronos, sejam dominações, sejam principados, sejam potestades. Tudo foi criado por ele e para ele. E ele é antes de todas as coisas, e todas as coisas subsistem por ele" (Colossenses 1:16-17).

Então, Jesus perguntou: "Com que se parece o Reino de Deus? Com que o compararei? É como um grão de mostarda que um homem semeou em sua horta. Ele cresceu e se tornou uma árvore, e as aves do céu fizeram ninhos em seus ramos" (Lucas 13:18-19).

"E eu te darei as chaves do reino dos céus; e tudo o que ligares na terra será ligado nos céus, e tudo o que desligares na terra será desligado nos céus" (Mateus 16:19).

Vejam quantas citações bíblicas sobre o Reino de Deus. Deus faz questão de ressaltar a importância do Seu Reino para cada um de nós. Da mesma forma, Ele coloca o poder de decisão nas nossas mãos, da escolha de querer fazer parte do Seu Reino, de ter as chaves para fazer parte desse Reino.

Cristo é o semeador e os que creem também, porque são portadores das sementes do Reino. Jesus semeia por meio de nós as sementes da Palavra, talentos e dons.

Não somos nós que produzimos a semente, somente a recebemos e a transmitimos.

A Palavra é viva e eficaz, é capaz de crescer e acolher, gerando um ambiente novo cheio de vida.

O segredo para o acesso, a plenitude e a vida vitoriosa está escondido nas chaves do Reino. Vamos descobrir que chaves são essas!

O REINO DADO

Se hoje você está vivo é porque Ele te mantém vivo! Ele dá ao homem a respiração e com ela todas as coisas. Deus criou tudo, por isso Ele tem o direito de reinar sobre tudo.

Deus quer reinar na terra. Ele tem direito de reinar, porque Ele criou tudo e mantém tudo e Ele quer que nós reinemos junto a Ele e que você nesta terra viva seja como um cidadão do reino.

O mistério oculto na semente é que ela contém em si o poder da multiplicação segundo a sua espécie.

Então, Jesus perguntou: "Com que se parece o Reino de Deus? Com que o compararei? É como um grão de mostarda que um homem semeou em sua horta. Ele cresceu e se tornou uma árvore, e as aves do céu se fizeram ninhos em seus ramos" (Lucas 13:18-19).

A semente, quando é lançada, fica oculta, anônima, para depois começar a germinar, a brotar e de repente surge para cumprir o seu propósito.

O reino de Deus vem na sua vida assim, pequeno, e quando começa a crescer, você começa a reinar com Ele.

"Eu lhe darei as chaves do Reino dos céus; o que você ligar na terra terá sido ligado nos céus, e o que você desligar na terra terá sido desligado nos céus" (Mateus 16:19).

Pouquíssimas pessoas conseguem entender e dimensionar isso.

O poder dessa declaração sobre os seus discípulos é impactante. Jesus disse: "Eu estou dando pra vocês uma chave do reino dos céus" — e vocês poderão reinar, e o que vocês ligarem na vida, família, empresa, casamento, caminho, sonhos, Eu ligarei no céu. E o que você desligar, Eu desligarei no céu.

Quando Deus criou o homem, ele lhe deu o poder para reinar. Foi como se Deus dissesse a Adão: "eu o coloquei na terra para reinar comigo, e Eu dou para você todas as árvores frutíferas, todo ouro, toda prata, todos os animais, todo jardim para você cultivar. Vamos caminhar juntos, vamos ser amigos e Eu te dou o poder para reinar". "Adão pôs os nomes a todo o gado, e às aves dos céus, e a todo o animal do campo [...]" (Gênesis 2:20).

E Adão nomeou os animais com a autoridade que Deus o deu e o homem tinha tanto poder que que os animais obedeciam às suas ordens. Veja que declaração linda: "Os mais altos céus pertencem ao Senhor, mas a terra ele a confiou ao homem" (Salmo 115:16).

Porém esse poder foi perdido.

Todo o animal em seu instinto reconhece o poder do homem sobre ele. Nenhum pássaro pousa em sua cabeça, ele pode pousar sobre um leão, sobre um búfalo ou qualquer outro animal, mas o mais simples dos pássaros não pousa em você, porque você é diferente, sua origem está em Deus, você nasceu para reinar.

Esse poder do reino foi perdido quando Adão e Eva desobedeceram a Deus.

Hoje, há uma onda de cursos, pessoas obcecadas pelo desejo de descobrir o seu propósito, a sua essência.

Há uma busca para se alcançar a terceira dimensão (o desenvolvimento do poder da mente: consciente, inconsciente e subconsciente). Não são muitos os que sabem como podemos chegar à quarta dimensão, isso vai além da capacidade humana, mas é o homem conectado com sua origem, sua fonte, Deus. É você reinando juntamente a Ele.

Encontre o primeiro registro de quando e o porquê do surgimento dos seus medos. O medo é um sinal de que a pessoa está sem Deus. Quando Deus chega à sua vida, o medo desaparece, assim como as trevas se dissipam com a chegada da luz.

E quando Adão disse: "Ouvi teus passos no jardim e fiquei com medo, porque estava nu; por isso me escondi" (Gênesis 3:10). "O Senhor Deus fez roupas de pele e com elas vestiu Adão e sua mulher. Então disse o Senhor Deus: 'Agora o homem se tornou como um de nós, conhecendo o bem e o mal. Não se deve, pois, permitir que ele também tome do fruto da árvore da vida e o coma, e viva para sempre'. Por isso o Senhor Deus o mandou embora do jardim do Éden para cultivar o solo do qual fora tirado" (Gênesis 3:21-23).

Aqui no início, o reino foi perdido. Porém, esse ato divino tipificava de uma forma profética o que aconteceria quatro mil anos depois. Jesus, como "Cordeiro de Deus", entregou-se lá na cruz para que pudéssemos voltar a reinar.

A perda do jardim foi a perda da autoridade, um elo foi quebrado e perdido. Agora o homem vive em uma luta para sobreviver, para prosperar, para ser feliz.

Muitas vezes, tenho a impressão de que alguns vivem como se fossem Deus ou como se Deus não existisse, crendo em fábulas.

Será que é difícil entender que a força da vida está na fonte de sua origem?

Se você arrancar uma planta da terra, logo ela começará a murchar e secar.

Se você tirar um peixe da água, ele morre minutos depois, porque lhe faltará o oxigênio que ele só recebe se estiver conectado com sua fonte, que é a água.

Assim é a nossa vida.

Não somos Deus, somos homens e nosso potencial para viver plenamente está na nossa fonte. Nossa origem é espiritual. Está em Deus.

Durante décadas, pude conhecer milhares de pessoas e, procurando decifrar a vida, vi que o ser humano pode ganhar o mundo inteiro, ter fama, morar em uma mansão, usar roupas de marcas, ter "tudo"; sim, pode até ser considerado um gênio, mas sem a conexão com sua fonte lhe faltará um elo, faltar-lhe-á a CHAVE DO REINO para que viva o melhor da terra e seja completamente feliz.

Poucos sabem que a conexão foi interrompida.

O poder do reino no homem infelizmente foi perdido.

O começo da grande ODISSEIA da humanidade foi a partir dessa imensa perda.

O poder do reino em Adão foi retirado e ele ficou vulnerável. Daquele dia em diante, sua vida mudaria drasticamente.

Ao desobedecer a Deus, eles não morreram fisicamente naquele dia; morreram espiritualmente. Algo dentro deles morreu — a vida espiritual que tinham conhecido, a comunhão com Deus, a liberdade de poder gozar da Sua presença, a inocência e pureza de suas almas e o poder do domínio para reinar: tudo isso que tinham acabou.

Quantas lutas, quantas decepções na história da humanidade! O que vemos hoje é que o homem não tem paz. Não tem paz com outros homens porque não está em paz consigo mesmo, e ele não tem paz consigo mesmo porque não tem paz com Deus.

Nossa existência depende de nossa fonte, Deus.

Uma árvore depende da terra que a alimenta e a sustenta!

O REINO ANUNCIADO

Deus jamais desistiu do homem, pois sempre quis trazê-lo de volta ao centro do seu propósito.

"Porque eu bem sei os pensamentos que tenho a vosso respeito, diz o Senhor; pensamentos de paz, e não de mal, para vos dar o fim que esperais" (Jeremias 29:11).

"Naqueles dias surgiu João Batista, pregando no deserto da Judéia. Ele dizia: 'Arrependam-se, porque o Reino dos céus está próximo'" (Mateus 3:1-2).

Está próximo!

Está perto!

Está chegando!

Anônimo e totalmente fora do contexto da perspectiva humana, Ele nasceu de uma virgem. Como rei, não nasceu em um palácio, mas numa humilde manjedoura. O nascimento de Cristo é o anúncio da existência do Reino de Deus para todos nós, é a certeza da realidade da vida com propósito, da vida com Deus.

OS SÁBIOS DO ORIENTE EM SUA BUSCA PERGUNTARAM

"E perguntavam: Onde está o recém-nascido Rei dos judeus? Porque vimos a sua estrela no Oriente e viemos para adorá-lo" (Mateus 2:2).

A loucura de Deus é mais sábia do que a sabedoria dos homens.

Que declaração tremenda: "Arrependam-se, porque o Reino dos céus está próximo" (Mateus 3:2).

Essa declaração revela a realidade do domínio soberano de Deus, não só na esfera da salvação, mas em todas as áreas da vida de quem crê. Jesus trouxe a manifestação do Reino dos Céus num estágio tão superior e poderoso como jamais foi visto. Por isso está escrito: "É chegado o Reino de Deus" (Mateus 4:17).

E ele mesmo aconselhou: "Busquem, pois, em primeiro lugar o Reino de Deus e a sua justiça, e todas essas coisas lhes serão acrescentadas" (Mateus 6:33).

O REINO NO MEIO DE VÓS

"O Reino de Deus já chegou no meio de vós" (Lucas 11:20).

Era algo inimaginável e muito difícil de se compreender o conteúdo dessa declaração. O Reino de Deus havia chegado, porque o Rei em pessoa estava ali, anunciando sua chegada.

O povo hebreu do tempo de Jesus esperava ansiosamente por esse tempo e foi isso que Ele começou a anunciar logo no início de sua caminhada pelos povoados e cidades: "O Reino de Deus está próximo" (Lucas 10:9).

E pouco depois Jesus diz que o Reino de Deus já chegou até nós: "O Reino de Deus está no meio de vós" (Lucas 17:21).

O verbo se fez carne e habitou entre nós. Jesus era o próprio Deus que vinha para resgatar a humanidade, para levar o homem de volta ao lugar de onde ele nunca deveria ter saído. O reino de Deus estava com os homens em Jesus. Ele retomou em suas mãos a história, para que o homem pudesse novamente reinar com Deus. Com determinação e obediência resoluta, pagou o preço do resgate com seu sangue na cruz. Suas últimas palavras foram: "Está consumado!".

Sim, agora o Reino de Deus pode estar em vós. Podemos reinar com Deus como o primeiro homem reinou no início...

Somente a obra de Jesus é uma obra consumada.

"Mas Deus, sendo rico em misericórdia, por causa do grande amor com que nos amou, e estando nós mortos em nossos delitos, nos deu vida juntamente com Cristo, — pela graça sois salvos, e, juntamente com ele, nos ressuscitou, e nos fez assentar nos lugares celestiais em Cristo Jesus" (Efésios 2:4-6).

E Ele não somente assentou-se à direita do Pai, Ele nos fez assentar com ele!

O REINO DENTRO DE VÓS

"Não vem o reino de Deus com visível aparência. Nem dirão: Ei-lo aqui! Ou: Lá está! Porque o Reino de Deus está dentro de vós" (Lucas 17:20-21).

Toda a semente passa por um processo para despertar e cumprir o seu propósito. Isto é, por um tempo de dormência, um período de repouso para despertar na estação certa e com energia. Sim, ela aguarda a condição adequada para germinar. Uma semente pode manter-se por longos períodos de tempo adormecida esperando o momento de romper para a vida. Eu chamo isso de o despertar da semente.

Toda a semente tem em si mesma um mundo dentro dela conforme sua espécie. Da mesma forma, o Reino de Deus está dentro de nós, devemos despertá-lo!

O REINO DEVOLVIDO

Quando nós falamos de reino e cantamos que o nosso Deus reina, nós entendemos que Deus tem o direito de reinar tudo.

"Do Senhor é a terra e a sua plenitude, o mundo e aqueles que nele habitam" (Salmos 24:1).

Isso quer dizer que você pertence a Deus e isso não quer dizer que todas as pessoas estão com Deus, mas esse versículo diz que Deus tem nas mãos a vida de todos os habitantes da Terra. Você não sabe o que será o dia de amanhã, você pode viver ou morrer: é Deus quem tem a palavra final. Quando fala "todos que nele habitam", fala sobre homens, mulheres, animais... tudo é de Deus.

Davi representa Jesus, que continua chamando pessoas que estão vivendo um deserto. Ele está chamando e dizendo. "Não tenha medo, vou ser bondoso, você vai comer na minha mesa e vai viver como um(a) filho(a) do Rei".

Um dia o reino foi perdido, mas ele foi devolvido lá na cruz.

Sobre o Reino devolvido, essa é sem dúvida uma das mais lindas ilustrações. Veja: "E disse Davi: Há ainda alguém que ficasse da casa de Saul, para que lhe faça bem por amor de Jônatas? E havia um servo na casa de Saul, cujo nome era Ziba; e o chamaram que viesse a e Davi, e disse-lhe o rei: És tu Ziba? E ele disse: Servo teu. E disse o rei: Não há ainda algum da casa de Saul para que use com ele de beneficência de Deus? Então, disse Ziba ao rei: Ainda há um filho de Jônatas, aleijado de ambos os pés. E disse-lhe o rei: Onde está? E disse Ziba ao rei: Eis que está em casa de Maquir, filho de Amiel, em Lo-Debar. Então, mandou o rei Davi e o tomou da casa de Maquir, filho de Amiel, de Lo-Debar. E, vindo Mefibosete, filho de Jônatas, filho de Saul, a Davi, se prostrou com o rosto por terra e se inclinou; e disse

Davi: Mefibosete! E ele disse: Eis aqui teu servo. E disse-lhe Davi: Não temas, porque decerto usarei contigo de beneficência por amor de Jônatas, teu pai, e tu de contínuo comerás pão à minha mesa. Então, se inclinou e disse: Quem é teu servo, para tu teres olhado para um cão morto tal como eu? Então, chamou Davi a Ziba, moço de Saul, e disse-lhe: Tudo o que pertencia a Saul e de toda a sua casa tenho dado ao filho de teu senhor. Trabalhar-lhe-ás, pois, a terra, tu, e teus filhos, e teus servos, e recolherás os frutos, para que o filho de teu senhor tenha pão que coma; e Mefibosete, filho de teu senhor, de contínuo comerá pão à minha mesa. E tinha Ziba quinze filhos e vinte servos. E disse Ziba ao rei: Conforme tudo quanto meu senhor, o rei, manda a seu servo, assim fará teu servo; porém Mefibosete comerá à minha mesa como um dos filhos do rei" (2 Samuel 9:1-11).

Esse texto dá detalhes do que Deus quer fazer conosco por meio do propósito de nossa existência.

Mefibosete estava vivendo em Lo-Debar, que significa "deserto, terra seca, terra sem pasto, lugar nulo, lugar sem alimento". Ele era um príncipe, mas vivia em um lugar de miséria como miserável, porque Ziba, que representa aqui o diabo, tomou tudo o que pertencia a Jônatas, seu pai.

Quantos estão vivendo hoje em Lo-Debar, vivendo como mendigos. Em Lo-Debar é onde falta tranquilidade, harmonia, felicidade, alegria no casamento, na família e paz consigo mesmo e consequentemente paz com Deus.

No entanto, assim como Davi, hoje Jesus está dizendo: "E eu te darei as chaves do reino dos céus; e tudo o que ligares na terra será ligado nos céus, e tudo o que desligares na terra será desligado nos céus" (Mateus 16:19).

COMO VOCÊ SE VÊ

"Então, se inclinou e disse: Quem é teu servo, para tu teres olhado para um cão morto tal como eu?" (2 Samuel 9:8).

Mefibosete se via como um cão morto, mas, mesmo que ele estivesse vestido como mendigo, com os pés quebrados, Davi o via como príncipe e, quando anunciou que ele não devia temer, mas que comeria em sua mesa, o rei estava devolvendo a ele as chaves do reino.

Imagine a mentalidade de quem vivia em Lo-Debar. Sair de Lo-Debar para viver como filho do rei não era só uma mudança geográfica, mas uma mudança de mentalidade, de visão de si mesmo e da vida. A sua rotina diária deve ser de acordo com a sua identidade. A forma como você pensa e age determinará o seu futuro.

Quando Adão perdeu o reino por haver pecado, ele disse: "tive medo ao ouvir tua voz oh Deus e me escondi de sua presença" (Gênesis 3:10).

O medo foi o primeiro sintoma do pecado. O medo é o maior inimigo das conquistas. O medo nos neutraliza na caminhada.

O diabo conseguiu manter Mefibosete em Lo-Debar até que o Reino entrou em ação. As palavras de Davi foram: "Não temas Mefibosete, pois vou te fazer bem por amor a Jônatas".

O Reino foi conquistado e devolvido: "E eu te darei as chaves do reino dos céus; e tudo o que ligares na terra será ligado nos céus, e tudo o que desligares na terra será desligado nos céus" (Mateus 16:19).

"E disse-lhe Davi: Não temas, porque decerto usarei contigo de beneficência por amor de Jônatas, teu pai, e tu de contínuo comerás pão à minha mesa" (2 Samuel 9:7).

Agora, o Reino de Deus foi conquistado para nós, por meio da vinda de Jesus Cristo. A semente deve estar germinando no interior de cada um de nós para que possamos tomar posse daquilo que já foi decretado, que: "Se vocês estiverem dispostos a obedecer, comerão os melhores frutos desta terra;" (Isaías 1:19).

A GRANDE ESPERANÇA

Mas como podemos ser árvores que dão frutos e prosperam para a glória de nosso Deus?

Será que há esperança para alguém que se sente lenha?

O que alguém que é feito como lenha pode e deve fazer?

"Também lançamos as sortes entre os sacerdotes, levitas e o povo, acerca da oferta da lenha que se havia de trazer à Casa do nosso Deus, segundo as casas de nossos pais, a tempos determinados, de ano em ano, para se queimar sobre o altar do Senhor, nosso Deus, como está escrito na Lei" (Neemias 10:34).

Lembre-se de que, se você está virando lenha, essa lenha deve ser queimada como combustível no altar do Senhor.

É você quem decide se entrega sua vida totalmente a Ele, como uma oferta agradável a Deus, ou se será um dia lançado no fogo para ser queimado.

Se sua vida for colocada como lenha no altar, Ele quer transformá-lo em cinzas, purificado, limpo, para que ele possa levantá-lo das cinzas para sua glória e honra.

"O Espírito do Senhor Jeová está sobre mim, porque o Senhor me ungiu para pregar boas-novas aos mansos; enviou-me a restaurar os contritos de coração, a proclamar liberdade aos cativos e a abertura de prisão aos presos; a apregoar o ano aceitável do Senhor e o dia da vingança do nosso Deus; a consolar todos os tristes; a ordenar acerca dos tristes de Sião que se lhes dê ornamento por cinza, óleo de gozo por tristeza, veste de louvor por espírito angustiado, a fim de que se chamem árvores de justiça, plantação do Senhor, para que ele seja glorificado" (Isaías 61:1-3).

O reino de Deus é como uma semente... que se torna uma grande árvore quando plantada.

Árvore ou lenha, é uma escolha!

Faça logo a sua!

SEMENTES PETRIFICADAS

Eu creio que você está inserido nos propósitos de Deus. Deus está projetando você para os próximos anos. As sementes que Ele colocou dentro de você estão germinando.

Mas, se até este momento você sente que essas sementes não estão germinando ou, ainda, que você não tem sementes, quero lhe dizer que você está enganado.

O que está acontecendo é que você está com as suas SEMENTES PETRIFICADAS. Sendo assim, quero lhe mostrar como despertar as suas sementes por meio de etapas:

1) NOSSO DESÍGNIO:

Você nasceu para um desígnio e isso tem a ver com aquilo que Deus lhe chamou para fazer. Porém, isso não é um pacote pronto.

Para tudo é necessário qualificação, por meio de preparo. Você terá que se preparar para o que está por vir. A fé é fantástica e poderosa e Deus nos abençoa, mas o que devemos fazer Ele não fará.

Ele te lembrará tudo o que você estudou!

"Mas aquele Consolador, o Espírito Santo, que o Pai enviará em meu nome, vos ensinará todas as coisas e vos fará lembrar de tudo quanto vos tenho dito" (João 14:26).

Há uma graça, uma dádiva divina, um poder dentro de cada um, mas não confunda unção com informação.

Quanto mais VOCÊ SABER, mais você estará capacitado e Deus te abençoará.

Se você se preparar, Deus fará coisas inimagináveis!

- Prepare-se!
- Leia mais!
- Estude mais!

Quem para de aprender para de crescer.

Escute quem sabe!

Busque mais informação

Busque mais conhecimento.

Este é o tempo de viver o verdadeiro propósito de sua existência, é o tempo de reinar.

Você não reina pela ignorância

Você não reina na falta de informação!

Você vai receber na mesma medida que conhecer!

Você só recebe o que conhece!

2) DEUS ESCONDEU ALGO EM VOCÊ:

"A glória de Deus é ocultar certas coisas; tentar descobri-las é a glória dos reis" (Provérbios 25:2).

O que Deus escondeu em você?

Deus escondeu algo chamado potencial.

Potencial é o poder compactado que precisa ser liberado.

- É a energia represada;
- É poder não utilizado;
- É o propósito em ação.

Potencial é a força escondida e pronta para ser liberada. Potencial são talentos que precisam ser liberados. Potencial é a distância que você pode percorrer e ainda não percorreu.

Deus opera no potencial. Naquilo que precisa ser liberado na sua vida!

É fascinante ver a história de alguns personagens bíblicos.

Nem mesmo os irmãos de José acreditaram no seu sonho.

Quem diria que José seria governador do Egito? Mas ele foi, ele chegou lá e pôde alimentar as nações famintas em um tempo de fome.

Quem diria que Abraão, mesmo velho, seria pai? Mas ele foi quando já estava com cem anos e dele surgiu a nação que tem abençoado o mundo, Israel.

Quem diria que Moisés, um gago, seria um grande líder? Mas ele se tornou o maior líder da história da humanidade, libertando um povo escravizado por 400 anos e os levou a conquistar uma terra dominada por gigantes.

Quem diria que Davi, rejeitado da família, seria rei de Israel? Mas ele se tornou um guerreiro poderoso, um profeta e sacerdote, um salmista e poeta, um músico excelente, o maior rei de Israel e homem segundo o coração de Deus.

Alguém um dia poderá ficar pasmado quando souber que você pode liberar todo potencial seu!

Potencial não é o que você já fez, e sim o que você ainda pode fazer ou criar.

Há algo em você que precisa ser liberado!

3) OS MAIORES INIMIGOS DO POTENCIAL:

Você sabe quais são os seus maiores inimigos do seu potencial?

Existem dois inimigos do seu potencial:

O seu último sucesso é o "inimigo" de seu potencial.

E seu último fracasso também é "inimigo" do seu potencial!

Nada pode ameaçar mais seu potencial do que o seu último sucesso ou seu último fracasso!

Cuidado para você não se apaixonar pelo "seu último sucesso", pois ele pode matar todo seu potencial. Quem se apaixonou pelo último sucesso bloqueia sua capacidade de criar coisas novas.

Lembre-se de Macaulay Culkin? Ele se apaixonou pelo sucesso! Com 14 anos já era milionário, mas entrou por um caminho sinuoso e deixou que seu potencial fosse abafado por tantos acontecimentos tristes.

Lembre-se de Thomas Edison, que teve 1200 tentativas fracassadas até acertar.

O sucesso e o fracasso são anestésicos para pessoas sem propósitos!

"É claro, irmãos, que eu não penso que já consegui isso. Porém uma coisa eu faço: esqueço aquilo que fica para trás e avanço para o que está na minha frente" (Filipenses 3:13).

Se sua memória levar você ao passado, que seja para visitar momentos lindos de sua caminhada, tudo bem. O problema é quando a sua memória fizer você viver no passado.

Foque no caminho a ser percorrido, pois o que virá será muito melhor do você já viveu!

Nosso prêmio, nosso objetivo está no amanhã e não no hoje!

Dessa forma, cuidado com seu saudosismo.

O saudosismo bloqueia sua criatividade.

Saudosismo é a admiração excessiva por aspectos do passado, desde comportamentos, hábitos, princípios e outros ideais obsoletos e ultrapassados.

O saudosista vive de lembranças do passado.

"Não vos lembre-os das coisas passadas e nem conhecereis as coisas antigas" (Isaías 43:18-19).

Olhe para o futuro com otimismo.

Olhe para o futuro com expectativa.

A expectativa é a antessala do futuro!

A semente é a chave do futuro!

4) O PODER DAS SEMENTES:

Toda semente carrega dentro de si o FUTURO!

No hebraico, diz-se que Deus pegou o capim e colocou semente dentro.

Deus criou árvores que são plantas que produzem sementes.

"E disse Deus: Produza a terra erva verde, erva que dê semente, árvore frutífera que dê fruto segundo a sua espécie, cuja semente está nela sobre a terra; e assim foi. E a terra produziu erva, erva dando semente conforme a sua espécie, e a árvore frutífera, cuja semente está nela conforme a sua espécie; e viu Deus que era bom" (Gênesis 1:11-12).

Dentro de cada coisa que existe no mundo, existe uma semente colocada pelo Onipotente, inclusive dentro de você.

O futuro de tudo que EXISTIRÁ UM DIA está guardado dentro de uma semente.

Todo seu futuro está guardado dentro de você!

Você é a potência em forma de semente para criar um futuro!

Desde 2008, foi criado o Banco Mundial de Sementes, localizado no polo Ártico no território da Noruega, que tem como finalidade armazenar sementes de todo o mundo, de modo a evitar que certas culturas desapareçam, assim, no caso de uma cultura ser destruída em todos os outros lugares, ainda existirão sementes dessa cultura para plantio.

5) TUDO QUE DEUS CRIOU POSSUI UMA SEMENTE:

Quando eu descobri isso, minha vida mudou!

Pense na seguinte situação: se eu pegar na mão uma semente de manga e lhe perguntar: "o que tenho em minhas mãos?", você responderá: "um caroço de manga".

Eu lhe digo: "você está errado, porque um caroço de manga esconde um pé de manga, que esconde centenas de mangas".

Um único caroço contém uma floresta de mangas.

Um caroço de manga esconde o potencial de uma floresta de diversos pés de mangas que precisam ser liberados.

Deus nunca vai lhe dar uma árvore!

Ele nunca nos entregar uma empresa pronta!

Um negócio milionário!

Uma célula grande!

Uma família pronta!

Um sonho pronto!

Ele sempre nos dará sementes!

"Sementes escondem árvores, árvores escondem frutos, frutos que escondem florestas".

As sementes divinas guardadas em nós escondem nosso potencial.

"Como é feliz aquele que não segue o conselho dos ímpios, não imita a conduta dos pecadores, nem se assenta na roda dos zombadores! Ao contrário, sua satisfação está na lei do Senhor, e nessa lei medita dia e noite. É como árvore plantada à beira de águas correntes: Dá fruto no tempo certo e suas folhas não murcham. Tudo o que ele faz prospera!" (Salmos 1:1-3).

E por causa do potencial guardado em mim, minha árvore vai florescer.

- Este é o tempo de dar FRUTOS, EM TODOS OS MESES!

- Este é o tempo de LIBERAR SEU POTENCIAL!

- Este é o tempo da SEMENTE SER PLANTADA!

O potencial de Deus está escondido em sua vida. Deus escondeu uma floresta de realizações no seu interior.

"O Homem olha o seu exterior. Deus olha seu coração ou seu potencial" (1 Samuel 16:7).

Existem grandes projetos dentro de você.

Existem livros dentro de você.

Existem canções que não são cantadas.

Existem pregações dentro de vocês!

Existem empresas que ainda não foram abertas...

Casas, apartamentos e imóveis que não foram comprados.

Viagens não realizadas e lugares não visitados.

Você ainda estará em lugares que jamais pensou em ir ou estar.

Você ainda fará coisas que jamais pensou!

Você tem potencial e você é uma semente pronta para florescer!

6) JAMAIS SE MENOSPREZE:

Você é exclusivo, único!

Somente Deus poderia olhar para você, em sua humilde casa e dizer: "Nesta casa, eu tenho um rei, um embaixador, um deputado, um senador, um atleta, um escritor famoso, um grande empresário, um líder que mudará sua geração".

"Que é um simples ser humano, ó Deus, para que penses nele? Que é o ser mortal para que te preocupes com ele? Tu o colocaste por pouco tempo em posição inferior à dos anjos, tu lhe deste a glória e a honra de um rei" (Hebreus 2:6-7).

Você esconde uma floresta de realizações.

Seja sempre bom e generoso com as pessoas, porque você não sabe se irá precisar delas no amanhã.

Não abandone seu marido ou sua esposa, porque você se casou com um grande homem, uma grande mulher!

Você e eu somos um depósito de potencial.

Em todo peixe existem "ovas" com milhões de peixes.

Em todo útero, Deus escondeu um grande homem e uma mulher maravilhosa.

Esse homem ou mulher é você! Tranquilize-se!

Você ainda vai ser descoberto!

As pessoas certas vão te honrar!

As pessoas certas vão descobrir você!

Pessoas que você sequer imagina estão vindo em sua direção para lhe honrar!

Como aconteceu com o menino Jesus, os camelos virão a ti, trazendo ouro, incenso e mirra. Os camelos da provisão de Deus virão a ti!

7) QUEM SÃO SEUS AMIGOS:

Não mantenha amizade com quem não entende o seu sonho e não torce pelo seu sucesso.

Selecione seus amigos íntimos.

"Se eu sou pobre, mesquinho e miserável, e você também é, somos uma péssima companhia um para o outro". Você entende isso?

A pessoa que pode te promover é aquela que está acima de você. Ande com quem lhe desafia. Escolha "a dedo" seus amigos e seus íntimos.

Se você quer realmente mudar o seu futuro: mude seus amigos e saia de perto de pessoas medianas.

Quando as pessoas erradas saírem de sua vida, as coisas certas começarão a acontecer.

8) PROCURE O AMBIENTE CERTO:

Ambientes errados sufocam nossas sementes.

Há alguns anos fiz uma viagem. Eu estive no Egito com minha esposa. Visitei o Vale dos Reis em Luxor, local onde os faraós eram sepultados. Visitei o túmulo de Tutancâmon.

No museu do Cairo, pude ver suas joias e seus impressionantes tesouros.

Outra coisa que vi no Egito foram muitas sementes antigas.

O guia me explicou que eram sementes petrificadas de tâmaras do deserto.

Ao longo de três mil anos, pela falta de umidade no deserto, elas se petrificaram. O guia ainda me disse: "Essas sementes ainda estão boas para plantar."

Sementes como essas foram plantadas em Israel e depois de três mil anos petrificadas produziram tamareiras lindas e produtivas.

Aquelas sementes "não frutificaram" no deserto do Egito, porque estavam no ambiente e no solo errado. Mas, quando foram plantadas em Israel, elas voltaram ao ambiente certo e frutificaram no solo certo.

Esteja no ambiente certo, no solo certo, com as pessoas certas e na cidade certa. Se você não estiver no solo certo, você não poderá produzir.

9) SEJA UM VISIONÁRIO:

Deus não permite que você imagine aquilo que você não pode fazer.

O que Ele permite que você imagine, você poderá fazer.

Quando Ele lhe der um sonho, Ele enviará pessoas e os recursos para você realizá-lo.

"Vejo que Deus é comigo, por causa daqueles que me ajudam" (Salmo 118:7).

Aquilo que você pode imaginar, você poderá fazer.

Assim foi com José, aos 17 anos. Treze anos depois, tudo que ele imaginou, viu e sonhou se concretizou!

Plante sementes!

É impossível plantar sementes e não receber o retorno!

VOCÊ ESCONDE UM GRANDE POTENCIAL.
NA ÓTICA DE DEUS, SEU NOME É SOLUÇÃO.
VOCÊ NASCEU PARA SOLUCIONAR ALGO E FAZER ALGO GRANDE!
VÁ EM FRENTE!